야망은 큰데
게으른 사람을
위한 책

： 일잘러 N잡러 성공으로 이끄는 마법

야망은 큰데 게으른 사람을 위한 책

하루 1%
루틴을 만드는
SOAR System

유튜브 채널 '노말이'
노아영 지음

Booksgo

프롤로그

미루기 천재였던 내가
깨달은 단 한 가지

저는 그 누구보다 미루기 천재였다고 감히 장담합니다. 예전의 평범한 일상과 그 당시 주변 환경을 몇 가지 나열해 보겠습니다. '자가 진단 체크리스트'로 생각하고 함께 미루기 천재 범주에 들어가는지를 진단해 보길 바랍니다.

1. 눈 뜨고 5분 안에 튀어 나가지 않으면 지각할 정도로 아침에 겨우 일어난다

하지만 두 시간 전 알람은 분명히 울렸을 것이다. 휴대폰은 단 1초도 지체하지 않고 제시간에 기상 알람을 귀에 내리꽂아 주었을 것이다(심지어 10분 간격으로 알람이 빼곡하게 세팅되어 있다). 이상적인 '나'의 모습은 아침 운동을 가뿐하게 끝내고 아메리카노 한 잔을 든 채 여유롭게 출근하는 것이지만, 현실의 '나'는 제때 일어나기를 미뤘고 그 이후 일정은 와르르 무너졌다. 그렇게 앞머리만 감고 나가는 스킬(?)을 구사하며 짝짝이 양말을 신은 채 출근한다.

2. 택배 상자로 견고한 탑을 쌓는다

방 한쪽에 쌓여 있는 나이키 상자에는 2주 전 블랙 프라이데이 할인을 놓치지 않고 급하게 주문한 운동화가 담겨 있다. 배달의 강국답게 배송은 단 이틀 만에 도착했지만, 운동화는 2주간 바깥세상의 빛을 보지도 못하고 포장지에 꽁꽁 싸여 있다. 그렇다. 택배 상자 열어보기를 미룬 것이다. 그런데 또 한쪽에는 빈 상자가 산더미처럼 쌓여 있다. 맞다. 택배 상자 분리수거를 미룬 것이다.

3. 책상 위에는 관리비를 기한에 내지 않아 연체료가 추가된 고지서가 쌓여 있다

그나마 책상 위에 있으면 다행이다. 우편함에서 한참을 나오지 못한 채 먼지가 쌓여 가는 우편물이 더 많았으니까. 오피스텔 1층의 반듯한 우편함 중 우리집 우편함은 유난히 제 임무를 완수하기 버거울 정도로 가득 차 있다.

4. 지독한 식물 킬러다

겨울이 지나고 봄이 올 때쯤 양재 꽃시장에 가서 화분을 샀는데 우리집에 온 화분은 얼마 못 가 말라 비틀어져 갔다. 집에 해가 잘 안 들어서, 공기 순환이 잘 안 되어서 등 온갖 핑계를 대보지만 사실 알고 있다. 식물에 물 주기를 미뤄서라는 걸.

5. 냉장고에서 발효되는 채소와 유통기한 넘은 가공식품이 자리를 차지한다

고독한 자취생은 건강하게 살아보겠다는 생각으로 호기롭게 채소를 사지만 모두 먹어 본 적이 단 한 번도 없다. 우리집에 온 채소는 요리가 되기를 기다려 보지만, 냉장고 한쪽 구석에서 발효되고 다채로운 곰팡이를 피우는 운명을 맞이한다(김치도 썩는다는 걸 독립 후 처음 알았다). 그리고 주방 서랍 한구석에서 유통기한 2년을 가뿐히 지난 조미료는 이제 기억에서도 지워진 지 오래다.

6. 병원 가기를 미루다 충치를 키운다

연말이 다가올수록 건강검진 예약이 어렵다는 사실을 알고 있나요? 미루기 달인은 본인의 건강을 챙기는 것도 쉽게 미룬다. 한 개의 충치 치료로 끝날 것도 병원 가기를 미루다가 충치가 번지고 번져서 다섯 개가 된다. 치과에 가는 게 두려운 이유가 바로 이것이다. 매번 예상보다 더 큰 치료비를 지출하고 병

원을 나서면서 치료 받을 때보다 더 아픈 금융 치료에 정신이 아찔해진다.

7. 딱 닥쳐서 업무를 끝냈을 때 쾌감을 느낀다

업무가 떨어지면 시작하기를 있는 대로 미루다가 마감 기한이 얼마 남지 않았을 때 고도의 집중력을 발휘하여 업무를 끝낸다. 왠지 효율적으로 일하는 기분이 들어 나름대로 뿌듯해한다. 하지만 결과물의 퀄리티는 그만큼 보장되지 않는다. 대학생 시절로 거슬러 올라가 보면 그때도 비슷했다. 과제 마감 시간이 끝나기 일촉즉발의 순간에 아슬아슬하게 제출하거나 시험 기간에 안 하던 대청소를 하면서 공부하기를 미루다가 더 이상 미룰 수 없을 때 밤을 새우며 공부하던 패턴을 가지고 살아왔다. 그리고 그걸 그대로 직장인이 되어서도 써먹고 있는 것이었다.

8. 메일 안읽음 표시를 상습적으로 한다

메일을 읽고 나서 상대에게 바로 답장하기를 미루고 '메일 안읽음 표시'를 하고 '뒤로 가기'를 누른다. '다음에 다시 차분하게 읽고 답장해야지'라는 생각으로 쌓아 둔 메일이 벌써 100통이 넘어가고 있다. 메일 답장을 할 때 첫 인사가 '회신이 늦어져 죄송합니다'로 시작한다(상대는 그 메일을 보냈던 걸 기억이나 할까?).

9. 유튜브 시작을 선언하고 장비만 샀다

직장인 3대 허언 중 하나가 '유튜브 시작'이라고 한다(나머지 두 개는 '금주'와 '다이어트'란다). 수많은 허언자 중 하나로 일 년간 다짐만 하다 겨우 장비를 샀고, 놀랍게도 그 상태로 일 년이 또 지났다. 완벽한 기획이 조회수 급등을 만든다는 믿음으로 기획 공부를 위해 유튜브 영상만 열심히 시청했다.

10. 헬스장을 등록하고 일주일도 출석하지 못했다

새해맞이 다이어트를 다짐하며 헬스장을 등록한다. 이번엔 다를 줄 알았다. 그런데 근육통 때문에 미루고, 회식 때문에 미루다 보니 출석은 여지없이 일주일이 채 가지 못하고 끝났다. '내가 그러면 그렇지 뭐'라는 한심한 생각이 들면서도 야심한 밤에 족발을 시켜 먹는다.

혹시 몇 개나 해당하나요? '이런, 나도 한 미루기 하는 사람이네'라고 공감하였나요? 아니면 '작가라는 사람이 저렇게 엉망인 생활을 했다니'라며 책을 덮을 참인가요?

그런데 보기와는 다르게 그 당시 저는 하루를 잘 살아내고 싶고, 일을 잘 해내고 싶은 욕심이 컸습니다. 자질구레한 일을 조금씩 자주 하는 것보다는 효율성을 생각해서 모아 두었다가 한꺼번에 해치우기를 선택했습니다. 그것의 연장선으로 택배 상자를 열고 분리수거 하는 것을 미뤘고(분리수거는 모아서 가는 게 효율적이라 생각했으니까), **예상하는 노력의 크기보다 더 쏟지 않기 위해**(시간을 더 쓰면 왠지 손해라는 생각이 들어서) 업무를 미루다가 했으며, 완벽한 메일 회신을 하기 위해 답장을 미룬 거죠.

그런데 이런 생활 속 미루는 습관과 잠깐 하다가 말아 버리는 작심삼일은 제 주변 환경을 점차 어수선하게 만들었고, 일의 완성도를 떨어뜨렸습니다. 마감 기한에 닥쳐서 처리하려고 했던 일은 중간에 예상치 못한 이슈가 생기기라도 하면 마감을 어기기 일쑤였고, 저뿐만 아니라 함께 일하는 담당자도 야근을 피할 수 없었습니다. 담당자의 원망 섞인 메신저 독촉에 쩔쩔매며 '죄송합니다. 금방 보내 드릴게요'를 연발했습니다. 그리고 가장 큰 문제는 인생의 장기적인 목표(저에게는 창업이었습니다)를 위해 첫걸음조차 떼지 못하고 미루고 있다는 것을 인정하지 않을 수 없었습니다.

누구나 인생에서 이루고 싶은 크고 작은 목표를 마음 한구석에 품고 삽니다. 조직에서 인정받는 일잘러가 되고 싶고, 나의 빛나는 아이디어를 실현시켜서 창업하고 싶고, 탄탄하고 건강한 몸을 만들고 싶고, 사랑하는 사람을 만나 단란한 가정을 꾸리고 싶고, 평생 돈 걱정 없이 살고 싶습니다.

그래서 어떻게 하면 그 꿈을 이룰 수 있을지 책을 읽고 유튜브를 찾아보면서 공부하고 실행에 옮깁니다. 벅차오르는 마음에 사전 조사도 하지 않고 바로 실행에 옮길지도 모르겠습니다. 하지만 처음 마음가짐과 다르게 그 실행은 한 달이 채 가지 못하고 시들시들해집니다. 아니 삼 일을 못 갈 때도 있습니다 (심지어 계획만 세우고 실천 자체를 안 하고 넘긴 것도 있다).

'이번에 달라! 왠지 할 수 있을 것 같아' 하고 다시 한번 기운차게 시작했다가 금방 지쳐 미루기를 반복합니다. 더 최악인 건 기다렸다는 듯이 스멀스멀 찾아오는 자괴감입니다. '내가 그러면 그렇지 뭐. 뭘 해도 안 된다니까'와 같은 자신을 향한 자책은 이후에 다른 무언가를 시작할 때마다 바짓가랑이를 잡고 시작하지 못하게 겁을 줍니다.

저는 이런 시작과 중도하차를 몇 번 겪고 나서 깨달았습니다. 목표에 도달하는 방법을 알고 있어도 이를 행하지 못하면 '말짱 도루묵'이라는 것을 말이죠. 일잘러가 되는 방법, 건강한 몸을 만드는 방법, 부자가 되는 방법, 자산을 불리고 투자하는 방법 등 세상에는 온갖 방법론이 넘쳐나지만 나에게 적용해서 꾸준하게 행동하지 않는다면, 그 어떤 현자(공자나 니체를 데려와도 마찬가지)나 몇백만 구독자가 있는 유튜버가 하는 말도 그저 지나가는 킬링타임용 콘텐츠에 지나지 않습니다.

생각해 보세요. 지금까지 얼마나 많은 종류의 다이어트를 찾아보고 따라 해 보았나요? 간헐적 단식, 저탄고지, 원푸드 다이어트 등 반짝하고 뜬 다이어트 방법을 얼마나 오래 실천했나요? 외국인과 프리토킹을 목표로 시작한 전화영어는 몇 번 출석했나요?

사람들은 행동을 지속하는 방법에 대해서는 간과하고 있었습니다. 이 사실을 알게 되었을 때 저의 관심은 더 이상 '어떤 행동을 해서 목표를 이룰까?'가 아니었습니다. '어떻게 해야 목표를 위한 행동을 쉽고 꾸준하게 할 수 있을까?'로 방향을 틀었죠. 그 이후에 제 삶은 서서히, 하지만 확실하게 변해갔습니다.

저는 대기업에서 10년의 직장생활을 하면서 해마다 최소 한 번은 포상받았습니다. 회사에 다니면서도 하고 싶은 일을 해 보겠다는 욕심으로 사이드 프로젝트를 꾸준히 하였고 회사 밖에서도 인정받게 되었습니다. 결국 퇴사하고 사업을 시작했습니다.

또 주식, 부동산에서 꾸준한 재테크를 하면서 30대 초반에 순자산 7억을 넘게 모았습니다(제 또래에서는 상위 1%에 해당한다고 해요). 유튜브 채널을 4년째 운영하며 팬이라고 말해 주는 구독자와 소통하게 되었습니다. 최근에는 매 기수마다 150명이 넘는 사람들과 루틴을 만들어 실천하는 '갓생 챌린지'를 운영하며 열심히 살아가고자 하는 사람들의 마음을 더 깊이 알아가고 있습니다.

수년간 저의 경험과 공부, 챌린지에 참여한 몇백 명의 사람들을 보고 깨달았습니다. 매일 같은 행동을 힘들이지 않게 시작하는 것의 비결은 바로 '시스템'이라는 것을요. 재차 강조하지만, 모든 성공의 첫 시작은 시스템입니다. 시스템은 목표 달성을 위해 일정한 원칙과 기능을 배치하는 것을 의미하는데, 저는 이것을 일상에서는 '루틴' 또는 '습관'으로 일치시킬 수 있었고, 일에서는 '체계'와 일치시킬 수 있었습니다.

시스템을 자유자재로 활용하는 비결은 수많은 성공한 사람이 사용하고 있었고, 성공의 비결로 목이 터져라 강조해 왔습니다. 그런데 사람들은 성공한 사람이 단순히 운이 좋아서, 태어날 때부터 머리가 좋아서, 원래 돈이 많으니까 정도로 넘겼었죠. 하지만 이 비결을 알고 나서는 왜 이제야 그들의 외침이 보이게 된 건지 이해가 되지 않을 정도였습니다.

미루기 천재에서 시스템 전도자가 되기까지 경험과 성공한 사람의 여러 증언, 챌린지를 통한 사람들의 체험을 바탕으로 '소어 시스템(SOAR System)'을 만들었습니다. 저는 뇌과학자나 심리학자는 아니지만 일상을 살아가면서 갈수록 분명해지고 딱 맞아떨어지는 공식으로 시스템을 만들 수 있게 되었습니다.

소어 시스템은 원하는 루틴을 일상에 장착할 수 있고, 더 나아가 체계적이고 똑똑하게 일할 수 있도록 일하는 방식을 제안합니다. 마침내 작심삼일과 자괴감, 찝찝함이라는 굴레에서 벗어나 하루 끝 침대에 누웠을 때 '오늘 하루도 참 잘 보냈다'라는 만족감을 느낄 수 있을 것입니다. 이를 꽉 깨물고 버티는 게 아닌 매일 자연스럽게 실천하며 원하는 목표를 향해 나아가게 될 것입니다.

방법을 아는 것보다 중요한 것은 방법을 직접 실천에 옮기고 지속해 나가는 것인데, 바로 시스템에 의해 실행시킬 수 있다는 게 포인트입니다.

1장에서는 미루기 무한 굴레에 빠지게 된 진짜 이유를 짚어 보고 성공한 사람이 가지고 있는 한 가지 비법과 이를 일과 삶에 적용했을 때 나타나는 기적에 대해 알아봅니다. 그리고 쉽게 사는 치트키, 소어 시스템을 소개합니다.

2장에서는 지금까지 매번 실패하게 만든 자신의 문제를 정확하게 진단해 봅니다. 그리고 지킬 수 있는 계획과 자신에게 꼭 맞는 루틴을 만드는 똑똑한 기획 단계를 소개합니다.

3장에서는 목표 달성 성공률을 높이기 위해 여러 가지 도구를 실생활에 적용하는 방법을 소개합니다. 무작정 루틴을 실행하기보다 사용해 볼 수 있는 도구를 적극적으로 활용해서 같은 목표를 가더라도 더 빨리 도달할 수 있습니다.

4장에서는 무조건하게 만드는 행동 설계를 통해 루틴을 지속할 수 있는 실행 방법을 소개합니다. 도파민을 활용한 적절한 보상 체계를 설정하는 방법을 안내합니다.

5장에서는 루틴을 삶에 안정적으로 정착시키고 자동화하는 방법을 소개합니다.

6장에서는 일잘러가 업무를 똑똑하고 체계적으로 처리하기 위해 소어 시스템을 어떻게 활용할 수 있을지 소개합니다.

이 책으로 이제까지 할 일을 미루고 작심삼일로 끝난 것에 대한 근본적인 원인을 알 수 있고, 목표 달성을 위해 나의 일상에 딱 맞는 루틴을 만들어 볼 수 있습니다. 하루 이틀 지속하다 보면 어느새 이루고 싶은 목표에 도달할 수 있을 것입니다.

일상과 나아가 인생을 변화시킬 준비가 되었나요?

노말이 노아영

차례

프롤로그 미루기 천재였던 내가 깨달은 단 한 가지 ▶ 4

1부
사실 이미 알고 있다, 성공하는 방법을

1. 다 아는데 왜 어려울까 ▶ 20
2. 무한 미루기에 갇힌 사람들 ▶ 27
3. 성공하는 사람이 가지고 있는 한 가지 : 시스템(루틴) ▶ 38
4. 일과 삶에 시스템을 적용했을 때 나타나는 기적 ▶ 46
5. 쉽게 사는 치트키, 소어 시스템 ▶ 52

2부
1단계
구조화 : 지킬 수 있는 계획 제대로 세우기

1. 매번 실패하게 만드는 진짜 문제 보는 법 : 해부하기 기술 ▶ 62
2. 지킬 수 있는 계획 세우는 법 : 나열하기 기술 ▶ 71
3. 복잡한 생각을 정리하는 법 : 분류하기 기술 ▶ 80
4. 같은 시간에 최대 효율 뽑아내는 법 : 조정하기 기술 ▶ 87

3부

2단계
최적화 : 성공률을 높이는 시크릿 도구

1. 이 시대 일잘러와 삶잘러의 필수템 : 노션 ▶ 96
2. 일론 머스크도 쓰는 기술 : 구글 캘린더 ▶ 106
3. 생산성을 높이는 스케줄러 쓰는 법 ▶ 114
4. 집중력을 끌어올리는 직관적인 도구 : 타임타이머 ▶ 122
5. 할 수밖에 없는 환경에 '나'를 넣기 ▶ 129

4부

3단계
실행 : 무조건할 수밖에 없는 행동 설계

1. 실행률을 높이는 행동 설계와 마인드 컨트롤 ▶ 138
2. 도파민을 활용한 보상 체계 ▶ 147
3. '혼자가 아니다' 선언하고 함께하기 ▶ 154

5부

4단계
리뷰 : 자동화를 위한 설계

1. 객관적인 수치로 판단하는 법 ▶ 162
2. 내 마음은 어땠을까 : 자가 진단법 ▶ 169
3. 고치고 다시 실행하기 ▶ 175

6부

일잘러를 위한
워크 소어 시스템

1. 놀랍도록 딱 들어맞는 시스템 :
   일과 삶, 모든 루틴에 적용되는 SOAR ▶ 184
2. 일잘러는 어떻게 일할까 ▶ 190
3. 일잘러의 도구 활용법 ▶ 200

참고 회사에서 사용하는 협업 도구 ▶ 208

4. 시스템으로 수익을 만드는 법 ▶ 210

Q&A 미루는 사람들이 자주 하는 질문 ▶ 219
에필로그 쉽게 사세요, 이왕이면 아름답게 ▶ 224

1부

사실 이미 알고 있다, 성공하는 방법을

①
다 아는데
왜 어려울까

냉혹한 사실을 먼저 짚어보려고 합니다. 사실 대부분은 목표를 이루는 방법을 알고 있습니다. 어쩌면 너무 잘 알고 있어서 그게 문제일지도 모르겠습니다. 예를 들어 누구나 한번쯤은 다이어트를 결심해 본 적이 있을 겁니다. 살을 빼려면 어떻게 해야 할까요? 길을 가다가 아무나 붙잡고 물어봐도 대답은 곧바로 나오겠지만, 전국의 의사 선생님이 지겹도록 반복하는 말을 또 한번 꺼내 보겠습니다.

"운동을 꾸준히 하세요. 건강한 식단을 드세요. 채소도 좀 드시구요."

공부도 마찬가지죠. 시험에서 좋은 점수를 받으려면 어떻게 해야 할까요?(전국의 학부모님들, 여기 주목해 주세요) 방법은 간단합니다.

"일정 시간을 의자에 엉덩이를 붙이고 앉아 공부해야 합니다. 꾸준히요."

내 집 마련? 꿈같은 이야기 같지만(저 또한 내 집을 마련하기 전에는 세상에 집은 이렇게 많은데 왜 내 집은 없냐며, 내 집 마련은 아주 먼 이야기라고 생각했습니다), 방법은 명확합니다.

"지금 당장 신세 한탄을 멈추고 소비를 줄이세요. 그리고 저축하세요."

전혀 새롭지 않은 이야기라구요? 맞습니다. 너무 당연해서 유치하게 느껴질 정도니까요.

여기서 중요한 질문은 이겁니다.

"왜 우린 알고도 못할까?"

방법이라도 몰랐다면 그나마 '방법을 몰랐으니까 못했지'라고 변명이라도 할 텐데, 이건 너무 노골적으로 실패의 책임이 자기 자신에게 있다고 느끼게 합니다. 인정하기에는 적잖이 고통스럽겠지만, 이루고 싶은 '그 목표'를 떠올려 보고 '목표를 이루기 위해서는 어떻게 해야 하지?'라고 자신에게 질문을 던지면 대부분 답을 이미 알고 있을 겁니다. 문제는 우리가 그 답을 실행하지 않는다는 것입니다. 달성할 수 있을 정도로 '충분히', '꾸준하게' 말이죠.

자꾸 실패하는 건
내 의지력 때문일까

왜 그럴까요? 많은 사람이 작심삼일을 반복하고 꾸준함을 유지하기에 어려움을 겪는데, 처음에는 의욕이 넘쳐서 계획을 세우고 실천도 해 보지만, 시간이 지나면 의식하지도 못한 채 흐지부지됩니다. 처음의 결심은 온데간데없어지죠. 이러한 패턴이 몇 번씩 반복되면, 결국 자신을 의심하기까지 합니다.

"나는 왜 이렇게 의지가 약할까?"

"나는 원래 꾸준한 사람이 아닌 걸까?"

"그냥 성공하는 사람은 타고난 걸까?"

그러나 단순한 의지력 부족의 문제가 아닙니다. 정말 다행스럽게도 결코 개인의 성향이나 자질에만 문제가 있지 않기 때문에 매번 실패하는 나를 몰아세우며 무작정 자책할 필요가 없습니다. 나를 자꾸 깎아내리는 생각을 하셨다면 당장 그만두세요. 진짜 문제는 시스템 부재에 있습니다.

보통 사람들은 시스템이라 하면 개인의 일상과 동떨어진 것이 아니냐고 생각할 수 있고, 또 누군가는 소프트웨어나 프로그램을 떠올리며 이질적이고 생소하다고 생각하는데, 전혀 그렇지 않습니다. 개인의 일상에서도 시스템이 있고 없고에 따라 하루의 질이 달라집니다. 매일 해야 할 일을 제시간에 끝내고, 시간과 돈 부분에서 발생하는 낭비를 최소화할 수 있으며, 밤에 하루를 잘 살아냈다는 충만한 마음으로 잠들 수 있습니다. 일상 시스템은 하나의 공동 목표를 달성하기 위해 그 밑에 여러 구성 요소가 연결된 것을 뜻합니다. 개인의 일상에서는 개인마다 어떤 목표(체중 감량, 독서하기, 이직하기 등)를 달성하기 위해 매일 루틴을 실행하고 연결 짓는 것으로 볼 수 있죠. 회사에 다니면서 '시스템' 자체에 익숙한 편이었는데, 아무래도 규모가 크다 보니 내부적으로 체계가 있어야 회사가 불협화음 없이 굴러갈 수 있습니다. 만약 시스템과 체계가 없다면 회사는 금방 아수라장이 될 것입니다. 회사에 다니다 보면 자연스럽게 시스템에 익숙해지기도 합니다. 저는 퇴사하기 전에 '이런 체계만은 모조리 흡수하고 나오자'라는 생각으로 인사, 평가, 업무 프로세스, 보고 등 여러 분야의 시스템을 깊게 보려고 했습니다. 그러던 중 일상에서도 일련의 시스템이 적용된다는 것을 발견하게 되었는데, 그것을 깨닫고 어찌나 소름이 돋던지요. 곧바로 일상에서의 시스템을 만들어 정비를 시작했습니다.

에서의 시스템을 '루틴(Routine)'이라 하고, 루틴은 작은 습관이 모인 집합체라고 볼 수 있습니다.

자율주행에
맡겨진 뇌

우리의 뇌는 익숙한 것을 선호하고 새로운 행동의 시도를 부담스럽게 여깁니다. 하지만 사회에서 살아가기 위해서는 매번 똑같은 행동만 반복할 순 없으므로, 어쩔 수 없이 새로운 행동을 해야 하는 상황에서는 안정성을 위협받지 않도록 감각을 예민하게 세우고 여러 각도에서 효율성을 재보고 따져 보려 할 것입니다. 즉 의식적 사고로 현상을 제대로 받아들이고 머릿속에서는 사고 과정을 거쳐서 행동하게 됩니다.

예를 들어 평소에 가던 길이 아닌 처음 가보는 길로 운전한다고 상상해 보세요. 우리의 뇌는 눈에 보이는 교통 사인을 바쁘게 읽어 낼 것입니다. 이 도로에서는 제한 속도가 얼마인지, 몇 번째 차선을 타야 하는지, 좌회전은 어느 구간에서 진행하면 되는지 등 시시각각 변하는 요소를 읽으려고 눈과 머리가 부산하게 움직일 것입니다. 내비게이션이 안내하고 있는 과속 감지 장치가 전방 몇 m에 있다는 설명도 귀를 쫑긋 열고 듣겠죠. 초행길 운전이 피곤한 이유는 평소보다 더 활발하게 여러 자극을 받아들이고 머리를 쓰기 때문이라는 것이 이해가 갈 것입니다.

매일 헬스장에 가는 습관을 만들기로 결심하고 이제 막 출석을 시작했다면 초행길 운전과 같은 상황을 만난 것입니다. 우리의 뇌는 이제 의식적 사고를 총동원해야 합니다. 의식적으로 오늘 하루 중 몇 시에 헬스장에 가겠다는 계획을 세워야 하고 그 시간에 맞춰서 집을 나서야 합니다. 온 신경을 곤두세우고 헬스장의 기구를 둘러보고, 엄청난 근육과 덩치를 가진 사람들을 피해 그나마 할 수 있는 기구를 겨우 찾아 몇 세트 진행합니다. 운동을 마치고 집에 돌아와서는 근육통이 생긴 어깻죽지를 문지

르며 내일은 또 어떻게 가지라는 생각을 합니다.

우리의 뇌는 변화를 싫어하기 때문에 원래 안 하던 초행길 운전, 헬스장 방문 등을 부담스러워합니다. 그래서 많은 에너지를 들여 의식적 사고를 동원해 행동합니다. 많은 사람이 습관을 길들이는 과정에서 어느 궤도에 이르지 못하고 나가떨어지는 것도 이런 이유 때문이죠. 반면 익숙한 것을 행할 땐 뇌는 거부감 없이 받아들이고 일정 부분은 무의식적 사고로 행합니다. 마치 로봇에게 명령을 내리듯이 자동으로 수행할 수 있게끔 생각을 쏙 빼 버립니다.

익숙한 길로 운전할 땐 놀라울 정도로 비의식적 사고에 의존한다는 걸 알고 있나요? 어느 위치의 신호등 신호가 바뀌는 데 걸리는 시간이 느린지, 과속 카메라가 어느 위치에 있으며 언제 속도를 체크해야 할지, 어느 지점에서 1차선을 타야 할지가 머릿속에 입력되어 있습니다. 그것을 토대로 자신에게 자율주행을 맡기는 거죠. 또한 노래를 부르며 운전하는 데 전혀 어려움을 느끼지 않고, 머릿속으로는 집에 가서 뭘 먹을지에 대한 생각으로 머리가 가득 찰지도 모르겠습니다.

그뿐만 아니라 아침에 일어나 출근을 준비할 때도, 자기 전에 짧은 영상을 무한정 보는 것도, 이미 만들어진 루틴에 나를 온전히 맡겨 놔서 의식적 사고를 하지 않고도 자연스럽고 쉽게 행동하는 거죠.

매일 헬스장에 가고 매일 일정 시간 공부를 하는 등 만들고 싶은 루틴을 비의식적 사고로 실행할 수 있다면 얼마나 좋을까요? 매번 할까 말까를 고민하고 변명하는 것 대신 아주 자연스럽게 헬스장에 가고, 책상 앞에 앉게 될 테니까요.

다행히 일상의 시스템 즉 루틴은 내 생활에 꼭 맞춰서 만들 수 있습니다. 그리고 루틴이 생활 속에 스며들게 된다면 원하는 목표에 달성하기까지 훨씬 쉬워집니다. 그래서 나의 자제력을 탓하는 걸 그만두고, 나의 뇌가 자연스럽게 받아들일 수 있도록 루틴을 설계하며 익숙해질 때까지 실행할 수 있도록 전략적으로 접근해야 합니다. 꾸준함은 타고나는 것이 아니라 만들어 가는 것입니다. 앞으로 루틴을 만들고 지속하는 방법을 차근차근 알아보려고 하니 가벼운 마음으로 시작해 보세요.

어떤 행동을 비의식적 사고로 돌릴 수 있게끔 자연스러운 습관이 된다면, 더 이상 그 행동을 해야 한다는 압박감과 부담감에서 해방될 수 있습니다. 저는 이 사실을 알고 나서는 무언가 새로 시작할 때마다 익숙해지기 위한 성장통 같은 고통스러운 시기가 빨리 지나기만을 바랐던 것 같습니다. 예를 들면 첫 출근을 했을 땐 아침 일찍 출근을 준비하고 어색하게 눈치를 보며 자리에 앉던 시간이 빨리 익숙해지고 습관화가 되기를 바랐죠. 아마 많이들 공감할 것으로 생각합니다.

2
무한 미루기에 갇힌 사람들

해야 할 일이 눈앞에 있는데 이상하게 손이 가지 않을 때가 많나요? 책을 읽으려다가 갑자기 너저분한 책상이 눈에 밟혀서 책상을 정리하거나 시험공부를 하려고 앉았는데 유튜브 알고리즘이 띄워 준 짧은 영상을 몇 시간 째 보고, 중요한 프로젝트를 마감해야 하는데 갑자기 인터넷 쇼핑몰 스크롤을 무한정 내리면서 할 일을 미루고 있는 나 자신을 발견합니다. 분명 '해야 할 일'이 무엇인지 잘 알고 있지만, 이상하게도 급하지 않은 다른 일을 먼저 하게 되고, 결국 진짜로 할 일은 아예 손도 대지 않고 미뤄 버리는 거죠. 이 현상을 '미루기'라고 합니다. 실제로 많은 사람이 이것 때문에 괴로워합니다.

저는 '노말이' 유튜브 채널과 인스타그램을 운영하고 있는데, SNS 채널을 통해 갓생 챌린지에 참여할 사람들을 모집했습니다. 챌린지는 2주간 내가 지키고 싶은 루틴을 정하고, 이를 지켜가면서 카카오톡 단체 채팅방에 매일 인증을 해야 했습니다.

→ 한 기수에 150명이 넘는 사람들이 신청한 챌린지

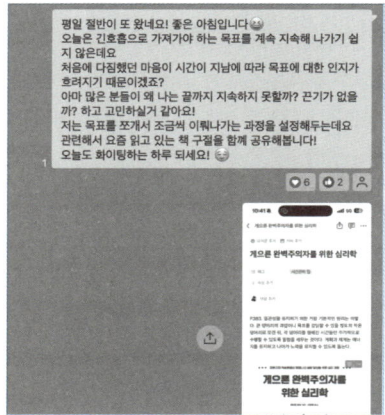

→ 단톡방 인증 챌린지

챌린지 지원을 위해서는 설문 조사에 답해야 했는데, 300명이 넘는 사람에게서 답변을 받을 수 있었습니다.

목표 달성을 방해하는 게 무엇인지를 물어보았습니다. 가장 많이 꼽힌 고민이 바로 '미루는 습관'이었습니다. 작심삼일, 끈기 부족, 방해 요소와 유혹, 계획만 하고 실행하지 않는 문제, 완벽주의, 유연성 부족, 시간 관리 능력 부족, 자책과 무기력, 이 모든 것이 결국 '미루기'와 연결되는 문제였습니다. 아무리 잘 만든 루틴이라도 시작 자체를 미뤄 버리면 아무 소용이 없으므로 꼭 해결되어야 할 문제였습니다. 그래서 저는 확신했습니다.

'사람들은 미루지 않는 법을 알고 싶어 한다. 하지만 쉽지 않다.'

미루는 이유는
단순하지 않다

사람들은 미루는 문제도 역시 단순하게 '의지력 부족' 때문이라고 생각합니다. 많은 사람이 고민하는 만큼 미루기에 대한 연구도 셀 수 없이 많은데 심리학, 신경과학, 행동경제학 등 다양한 분야의 연구 결과에 따르면, 미루기는 단순한 게으름이 아니라 복합적인 심리적 이유에서 비롯되는 걸 알 수 있습니다. 이 연구 결과를 보면서 지금까지 미뤄왔던 이유를 아는 것만으로도 상당한 위안을 받을 수 있습니다. 미루는 건 단순히 개인적으로는 미루는 문제가 나의 의지력이 부족해서가 아니라는 사실이 저에겐 아주 큰 위안으로 다가왔습니다. 의지력은 내가 조절해야 하는 영역이라서 못했을 땐 '내가 부족해서'로 연결이 되기 때문에 기분이 상당히 다운되었고 자신감도 떨어졌습니다. 누구나 그렇겠지만 내가 부족하다는 사실을 인정하고 싶지 않았습니다. 그래서 중간에 포기하지 않기 위해 더더욱 이를 꽉 깨물고 버티면서 괴로워했고, 그럼에도 루틴 만들기에 실패하면 오히려 문제를 들여다보고 싶지 않아서 회피하곤 했습니다. 하지만 이 악순환의 문제가 의지력이 아니라 다른 근본적인 원인이 있다는 걸 알면서 마음 깊이 안도했고, 진짜 원인을 알게 되었으니 어떻게 고치고 지속해야 할지도 나와서 벅찬 마음에 설레기도 했던 것 같습니다.

의지력 부족뿐만 아니라 인간의 뇌와 우리를 둘러싼 환경이 할 일을 제때 하지 못하도록 잡아당기고 있는 것입니다.

운동보다 넷플릭스를 선택하는 이유 : 즉각적 보상 편향

그럼 해야 할 일을 자꾸 미루게 되는 심리학적 요인은 무엇일까요? 가장 대표적인 원인 중 하나가 바로 '즉각적 보상 편향(Immediate Reward Bias)'입니다. 우리 뇌는 원래 지연된 보상보다 즉각적인 보상을 우선시하는 경향이 있습니다. 즉 장기적이고 더 큰 이득이 예상되는 선택지가 있더라도, 당장 쉽게 얻을 수 있는 보상이 있다면 그것을 더 선호하는 것이죠.

예를 들어 규칙적으로 운동하면 건강이 좋아지고, 체중이 줄어들며 몸매가 좋아질 거라는 사실을 잘 알고 있고 그렇게 되기를 간절하게 바랍니다. 하지만 막상 운동하려고 하면 갑자기 귀찮고 힘든 시간(지루한 러닝머신, 다리가 바들바들 떨리는 스쾃 등)이 명백히 예상되니 운동하는 대신 소파에 앉아 넷플릭스를 보는 편을 선택하게 됩니다. 왜냐하면 운동의 보상(건강한 몸, 체력 향상)은 장기적으로 누적이 되어야 나타나지만, 넷플릭스를 보는 것은 즉각적인 즐거움과 몸의 편안함을 약속하기 때문입니다.

이 현상은 심리학적으로 잘 연구가 되어 있는데, 사람들은 일반적으로 미래의 보상보다는 현재의 보상을 더 크게 평가하는 경향이 있습니다. 심지어 미래의 보상이 더 크더라도, 시간이 가까워질수록 눈앞의 작은 보상을 과대평가하게 됩니다.

예를 들어 '한 달 뒤 10만 원을 받을래? 아니면 지금 당장 5만 원을 받을래?'라는 질문을 받으면 많은 사람이 10만 원을 선택하지만, '내일 10만 원을 받을래? 아니면 지금 당장 5만 원을 받을래?'라고 묻는다면 생각보다 많은 사람이 지금 5만 원을 택합니다. 시간이 가까워질수록 즉각적 보상이 더 크게 느껴지는 것입니다.

운동을 미루고 넷플릭스를 선택하는 이유는 게으르거나 의지가 부족해서가 아니라 인간의 뇌가 기본적으로 작동하는 방식 때문입니다.

완벽주의자가 미루는 이유 :
불안한 심리

심리학적으로 미루기는 불안감과도 관련이 깊습니다. 어떤 일을 시작할 때 '잘해야 한다'는 압박을 느끼면, 그 불안감을 피하려고 엉뚱한 다른 일을 해서 회피하거나 아예 시작조차 하지 않는 경우가 있습니다. '나는 완벽하게 해야 해'라는 생각이 강한 사람일수록 미루는 경향이 강한 이유도 여기에 있죠. 완벽주의자는 결과에 대한 높은 기대치를 설정하는데, 만약 그 기대에 미치지 못할 가능성이 보이면 차라리 시도조차 하지 않는 편을 택하기도 합니다.

예를 들어 회사에서 중요한 프로젝트를 맡았다고 가정해 봅시다. 완벽주의자인 나는 '이 프로젝트는 무조건 완벽하게 해내야 해'라는 생각 때문에 첫 단추를 끼우는 것조차 부담스러워집니다. 혹시라도 실수하면 어쩌나, 남들에게 부족하다는 평가를 받으면 어쩌나 하는 걱정이 머릿속을 가득 채우게 됩니다. 부담을 느낄수록 실행을 미루게 되고 대신 당장 성취감을 줄 수 있는 프로젝트와 관련 없는 작은 일(이메일 정리, 책상 정리, 사내 메신저 등)로 눈을 돌리며 순간순간 안심하려 합니다. 그리고 불필요한 회의로 시간을 채우며 일하고 있다는 느낌을 채우려고 합니다. 하지만 프로젝트 마감 기한이 가까워질수록 일의 진행 속도는 나지 않아서 극심한 스트레스를 받고, 이는 다시 불안감을 키우게 되어 악순환에 빠지게 됩니다.

결과적으로 미루는 습관은 순간적으로는 당장 해야 할 일을 미룸으로써 편안함을 주는 것처럼 보이지만, 결국 더 큰 스트레스와 압박감을 유발하며 장기적으로는 자기 효능감을 낮추

최근 '게으른 완벽주의자'라는 단어를 자주 보았습니다. 이들의 마음속에는 완벽하게 해내야 한다는 불안한 심리 때문에 할 일을 습관적으로 미루게 되고 시작도 하지 못해서 게으른 성격으로 표현된 것 같습니다. '완벽함'을 위해서는 과도한 시간과 노력이 예상되면서 생각만 해도 겁이 나기도 합니다. 저도 예전엔 시작이 항상 어려웠던 사람이었습니다. 완벽하게 하고 싶은 마음에 초반부터 엄청난 시간과 정성을 들여 기획했고, 어찌어찌 시작해도 이미 진이 다 빠진 상태라 정작 일을 진행할 땐 지속할 힘이 없어서 끝은 흐지부지되는 전형적인 용두사미였습니다. 그런 저를 보면서 회사 팀장님은 한번 시작했으면 끝을 보라는 조언을 해 주었습니다. 회사에서는 하겠다는 말만 하고 끝까지 관리하지 않으면 안 된다면서요. 그때는 저의 단점이라 생각되는 부분을 정확하게 꼬집어 주셔서 민망하면서도 정신이 번쩍 들었습니다. 기획을 충분하게 했다면 시작은 가볍게 해야 합니다. 경험이 쌓이다 보니 시작의 타이밍도 중요하다는 것을 많이 깨달았습니다.

는 결과를 초래합니다.

시작 전 유튜브를 보는 이유 :
전두엽과 변연계의 갈등

미루는 데에는 뇌과학적 요인도 깊이 관여하고 있습니다. 우리의 뇌는 기본적으로 변화 자체를 부담스러워하는 특성이 있습니다. 새로운 습관을 들이거나 어려운 과제를 해결하려고 하면 뇌는 기존보다 훨씬 더 많은 에너지를 소비해야 합니다. 이를 담당하는 것이 바로 전두엽과 변연계의 상반된 역할이에요.

전두엽은 논리적 사고, 계획 수립, 장기 목표 설정 등의 고차원적 인지 기능을 담당합니다. '지금 당장 이 과제를 끝내야 해'라고 생각하는 것도 전두엽의 역할이죠. 반면 변연계는 감정과 즉각적인 쾌락을 추구하는 본능적인 반응을 담당하는데, 이 변연계가 강하게 작용하면 '지금 하기 싫은데, 유튜브를 잠깐만 보고 시작하는 게 어때?' 같은 생각이 떠오르게 됩니다.

이때 문제가 되는 것은 우리 뇌가 즉각적인 보상을 우선으로 선택하려는 성향이 있다는 점입니다. 어려운 과제를 해결하는 데는 시간이 걸리고 당장 보상이 없는 반면, 유튜브는 단 몇 초만에 시선을 빼앗는 자극적인 영상 콘텐츠를 손쉽게 볼 수 있습니다. 뇌는 본능적으로 에너지를 덜 쓰면서도 보상을 빠르게 얻을 수 있는 행동을 선호하기 때문에, 자연스럽게 스마트폰을

> 출근하고 자리에 앉아 본격적으로 일을 시작하기 전에 스마트폰을 들여다보는 게 일상이 되었습니다. 무언가 머리를 써야 하는 일을 하기에 앞서 저도 모르게 SNS에 뜬 알람을 훑어보고 그러다가 클릭을 자극하는 콘텐츠까지 몇 개 확인하다 보니 어느 순간 뭔가 잘못되어 가고 있다는 적신호가 머리 한쪽에 뜬 것 같았습니다. 이 모든 일이 제가 인지하기 전에 벌어진 일들이었습니다. 일상에서 스마트폰과 SNS가 발전함에 따라 점점 무차별적으로 저의 신경 일부를 맡겨 버린 기분이 들었습니다.

집어 들거나 TV를 켜는 행동으로 이어지는 것입니다.

이는 뇌의 생존 메커니즘 중 하나인 '효율적인 에너지 사용'과 관련이 깊습니다. 새로운 행동을 하려면 뇌는 더 많은 에너지를 소모해야 하므로, 자연스럽게 익숙한 행동(메신저 확인, SNS 확인 등)으로 도망치는 것이죠. 그래서 중요한 과제나 시험을 앞두고도 '딱 5분만 유튜브 보고 시작할까?' 하며 기어이 영상을 틀어 버리는 것입니다.

**머릿속에서
무슨 일이 벌어지고 있을까**

한번 상상해 보세요. 지금 중요한 보고서를 작성해야 하는 상황입니다. 하지만 막상 컴퓨터를 켜고 파워포인트를 열기도 전에, 갑자기 책상 한쪽에 언제 흘린 지도 모른 커피 자국이 보이고 당장 닦지 않으면 안 될 것 같은 기분이 몰려듭니다.

'간단하게 청소부터 하고 시작해야 집중이 잘될 것 같아. 정리하는 데 얼마 안 걸리잖아.'

그래서 책상을 정리하기 시작하는데, 예전에 사 두고 다 못 읽은 책이 눈에 띕니다.

'어? 그때 읽다가 말았는데, 한참 재밌어지는 부분까지 갔던 것 같긴 한데 어디서 끝났더라? 한 장만 읽어 볼까?'

그렇게 두세 장 책장을 넘기다 보니 출출해집니다.

'안 되겠다. 뭐 좀 먹고 시작해야겠어.'

이 과정에서 뇌에 '도파민'이라는 신경전달물질이 활발히 작용하고 있습니다. 도파민은 보상을 기대할 때 나오는 호르몬인데, 쉬운 일(책상 정리, 유튜브 시청)을 할 때마다 도파민이 분비되면서 뇌는 '이게 더 즐겁다'라고 인식합니다. 반대로 어렵고 에너지를 많이 쓰는 일(과제하기, 보고서 작성하기)은 도파민 분비가 적어 상대적으로 덜 매력적으로 느껴지죠. 결국 우리의 뇌는 '즉각적인 보상이 주어지는' 다른 행동을 계속 찾아 헤매게 됩니다.

미루기를 멈추기 위해 나의 의지력만을 탓할 필요가 없습니다. 대신 우리의 뇌가 저항하지 않도록 '시스템'을 만들어야 합니다. 작은 습관부터 시작하고 목표를 위한 즉각 보상을 활용하여 자동화된 루틴을 만들면 미루지 않는 사람이 될 수 있습니다.

앞으로 이 시스템을 더 구체적으로 설계하는 방법을 알아볼 것입니다. 그러니 '미루기를 멈춰야 하는데'라며 또 미루지 말고, 내 머릿속에서 일어나는 일을 이해하고 조금씩 시스템을 만들어 보세요.

3
성공하는 사람이
가지고 있는 한 가지 :
시스템(루틴)

성공한 사람에게는 공통점이 있는데 그건 바로 자신만의 시스템과 루틴을 철저하게 유지한다는 점입니다. 그런데 어떤 사람은 성공한 사람의 성공 요인을 재능이나 운의 결과라서, 자신이 어떻게 해 보지 못할 타고난 영역으로 치부하기도 합니다. 운동하기에 좋은 신체적 조건을 타고나서, 원래 글 쓰는 능력이 좋아서 또는 금수저 집안에서 태어나서 성공했다는 식으로 말이죠.

하지만 실제로 성공한 사람의 과정을 조금만 뜯어 보면, 재능과 운이 중요한 요소일 수는 있지만, 그것만으로는 성공이 지속될 수 없고 반짝 떴다가 져 버린다는 것을 알 수 있습니다.

하지만 우리가 생각하는 성공이란 잠깐 혜성처럼 나타났다가 쥐도 새도 모르게 사라지는 게 아닌 오래도록 안정적으로 타오르는 불이기 때문에, 결국 이들을 뒷받침하는 것은 꾸준한 습관과 체계적인 시스템이 필수입니다.

살아오면서 TV에 나오는 사람이 아니더라도 나와 가까운 사람이 어느 분야에서 나름대로 인정받는 걸 자주 봤습니다. 제가 신입사원일 때 사수로 계셨던 과장님은 얼마 안 가서 팀장직을 맡게 되었고, 또 몇 년 후에는 그 위 직급까지 빠르게 승진하였습니다. 신입사원이었던 제 눈으로 보았을 때 그분은 어떤 일을 시작하기 전에 일의 경중과 상관없이 무조건 기획부터 시작했습니다. 작은 단위로 일을 나눠서 각각의 마감 기한을 설정하고, 맡아서 할 사람들까지 지정했으며, 곧이어 바로 착수에 들어갔습니다. 그리고 오후 5시가 되면 후배들과 티타임을 가지면서 그날 하루 업무를 돌아보면서 고충은 없는지도 들어 주었습니다. 하루 이틀로 끝나는 게 아니었고 매일 반복하면서 루틴화를 시켰던 과장님을 보면서 일을 참 잘한다고 생각했습니다. 결국 고속 승진을 하는 것을 보면서 사람 보는 눈은 다 비슷하구나 싶었습니다. 주위 사람 중에 회사에서 일을 잘하고, 사업을 잘하고, 건강하고 탄탄한 몸을 가진, 소소하더라도 어느 분야에서든 성공한 사람은, 꾸준한 루틴이 있다는 걸 어렵지 않게 알 수 있을 것입니다. 그들의 성공은 하루아침에 반짝 올라온 게 아니고, 매일 꾸준한 하루가 쌓여서 만들어진 것이죠.

무라카미 하루키 :
달리기와 소설 쓰기 루틴

세계적인 소설가 무라카미 하루키는 특유의 감각이 잘 묻어난 문체로 많은 사람에게 사랑받는 일본인 작가입니다. 저는 오랫동안 하루키의 소설과 에세이를 좋아했고 많이 읽었습니다. 여러 작품을 읽으면서 놀랐던 점은 우리나라에 번역되어 나오는 책도 적지 않은데, 본토인 일본에서는 칼럼도 적잖이 쓰고 있고 번역 작업도 하면서 작품 활동을 꾸준히 해 왔다는 점입니다.

좋아하는 작가의 일상이 궁금해져서 그의 생활을 찾아보았습니다. 그의 책 《달리기를 말할 때 내가 하고 싶은 이야기(임홍빈 옮김, 문학사상, 2016)》에서 그의 오랜 창작의 비밀이 나와 있었습니다. 놀랍게도 그는 수십 년 동안 하루도 빠짐없이 소설을 쓰고, 달리기를 해 왔다고 합니다. 그는 달리기를 단순한 취미나 운동이 아니라 자신의 창작 활동을 지속하기 위한 하나의 시스템으로 만들어 놓았습니다.

그 당시 저도 달리기에 한참 빠져 있던 시기라서 본업뿐만 아니라 달리기를 꾸준히 지속해 온 사실이 매우 흥미로웠습니다. 컨디션이 저조하거나 일상이 바빠지면 가장 먼저 놓아 버리는 게 건강 카테고리이고, 저 또한 달리기를 지속하기 어려워 하던 때라 작가의 그런 일상이 더 와닿았습니다.

그의 시스템이자 루틴을 소개하자면 그는 매일 새벽 4~5시에 기상해서 맑은 정신으로 하루를 시작합니다. 곧바로 4~5시간 정도 집중해서 글을 쓰는데, 특별히 글쓰기 영감을 기다리거나 하지 않고 하루에 약 열 매 정도를 목표로 정해진 양을 매일 쓰는 것을 원칙으로 합니다. 그리고 집 밖으로 나가 10km 정도를 쭉 달립니다. 하루키는 이런 루틴을 수십 년 동안 유지하면서도 "이것이 없었다면 나는 절대 소설을 지속적으로 쓸 수 없었을 것"이라고 말합니다. 그의 말에서 알 수 있듯이 오랜 창작 활동을 하기 위해선 단순히 영감이 떠오를 때만 글을 쓰는 것이 아니라 특정한 시간에 일정한 작업을 반복하는 것이 중요한 것입니다.

달리기는 하루키에게 있어 일종의 명상과도 같습니다. 규칙적으로 달리며 체력을 관리하는 것이 장시간 집중력을 유지하는 데 도움을 주었고, 그가 소설을 꾸준히 집필할 수 있는 원동력이 되었습니다. 성공은 순간적인 열정이 아니라 매일 같은 행동을 반복하는 것에서 나온다는 것을 보여 줍니다.

마크 저커버그 :
매일 같은 옷을 입는 이유

페이스북(현 메타)의 창업자 마크 저커버그는 세계 부자 순위에 항상 들어갑니다. 그런 그는 한때 매일 같은 옷(회색 티셔츠)을 입었는데, 2014년 어느 Q&A 세션을 진행할 당시 사회자가 저커버그에게 물었습니다.

"마크, 왜 매일 같은 셔츠를 입죠?"

저커버그는 다음과 같이 말했습니다.

"저는 정말 단순하게 살고 싶어서 최대한 결정을 안 하려고 해요. 우리 커뮤니티(페이스북)에만 집중하고 싶어서요."

사람의 의사결정 능력에는 한계가 있으며, 중요한 결정을 해야 할수록 사소한 선택에 에너지를 낭비하지 않도록 해야 한다는 것입니다.

매일 아침 '오늘 무엇을 입을까?'라는 고민으로 옷장을 뒤적거리는 시간과 머리 용량을 아껴서, 중요한 문제 해결에 집중할 수 있도록 만든 것이죠. 이는 '의사결정 피로'를 줄이기 위한 전략으로 많은 성공한 사람이 사용하는 방식입니다.

저커버그뿐만 아니라 스티브 잡스(검정 터틀넥과 청바지를 입은 그의 모습은 어렵지 않게 떠올릴 수 있습니다), 오바마 전 미국 대통령(회색 또는 파란색 정장)도 같은 원리로 특정한 옷을 반복해서 입었습니다. 이들은 사소한 선택을 최소화하고 자동화로 돌려 더 중요한 일에 의식적 사고를 써서 집중할 수 있도록 시스템을 구축했습니다. 결국 루틴은 불필요한 의사결정을 줄이고 중요한 일에 집중할 수 있도록 하는 강력한 도구라는 것을 알 수 있습니다.

김연아 :
철저한 반복과 훈련

피겨스케이팅 선수로 활약한 김연아 선수의 유명한 짤을 알고 있나요? 인터뷰어가 스트레칭을 하는 김연아 선수에게 "무슨 생각을 하면서 하세요?"라고 물었습니다. 뛰어난 성적을 내는 선수라면 연습할 때도 특별한 생각을 할 것이라고 기대하고 물었을 것입니다. 하지만 김연아 선수는 당황스러운 표정으로 대답했습니다.

"무슨 생각을 해... 그냥 하는 거지."

이 말은 그녀가 특정한 의식을 가지고 연습을 하는 것이 아니라 그 자체가 몸에 배어 있었음을 보여 줍니다. 그녀는 연습장에 나가고 매일 반복되는 강도 높은 연습을 수행하는 것을 자연스러운 루틴으로 만들어 자동화 시켰고, 경기 당일까지도 이 루틴을 변함없이 유지했습니다. 김연아 선수는 "아무리 힘들어도 정해진 훈련을 소화하는 것이 중요하다"라고 말했고, 덕분에 어떤 큰 경기에서도 흔들리지 않고 최고의 퍼포먼스를 발휘할 수 있었습니다.

성공한 사람은 각자의 방식으로 루틴을 만들고 그것을 지켜 나갑니다. 멀리서 찾지 않더라도 나와 가까운 사람 중 어느 분야에서 성공한 사람을 보면 자신만의 특정한 루틴을 가지고 있다는 것을 알 수 있을 거예요.

제가 회사에 재직하던 당시, 모 상무님과 식사할 자리가 있었습니다. 저는 상무님에게 요즘 하는 운동이 있는지 물어보았습니다. 마음속으로는 하루에도 처리할 업무가 매우 많아서(상무님의 공유 캘린더를 보면 일정이 빽빽하게 차 있었고, 집무실로 보고하러 갈 때마다 보통 다른 보고를 받으며 열띤 회의 중이라서 보고 일정을 잡기도 쉽지 않을 정도였습니다. 하루에 이렇게 많은 보고를 받으면 머릿속에서 정리가 되긴 할까라고 진심으로 궁금했었습니다) 따로 운동할 시간은 없을 것으로 생각했었죠.

그런데 그분은 매일 출근하기 전 새벽에 러닝머신으로 한 시간 동안 뛰고 출근한다고 말했습니다. 더 놀라운 건 그 루틴을 수십 년째 지속해 오고 있다고 했습니다. TV에서 보는 사람이 아닌 나와 가까운 사람이 말하는 꾸준한 루틴은 제 마음에 좀 더 와닿았고 대단하게 느껴졌습니다.

루틴이 중요한 이유는 단순합니다. 어떤 일을 지속적으로 반복하면 뇌가 익숙해지고, 의식적인 노력 없이 자동으로 실행할 수 있게 되기 때문입니다. 결국 목표를 이루는 것은 하루하루 쌓아가는 작은 습관이죠.

무언가를 이루고 싶다면, 단기적인 동기부여에 의존하는 것이 아니라 목표 달성을 위한 나만의 루틴을 만들고 이를 지속하는 방법을 반드시 고민해야 합니다. 처음에는 불편할 수도 있지만, 일정 기간을 넘기면 루틴은 우리의 일부가 됩니다. 그 순간부터 목표를 향한 길은 훨씬 쉬워질 것입니다.

성공한 사람은 자신만의 꾸준한 루틴과 시스템을 가지고 있다는 걸 잊지 마세요.

④ 일과 삶에 시스템을 적용했을 때 나타나는 기적

매일 생활 속에서 크고 작은 선택을 하며 살아가는데, 일정 부분은 습관으로 자리잡아 별생각 없이 행하고 있습니다. 가령 아침에 일어나 어떤 음식을 먹을지, 업무를 시작하기 전에 커피를 타오는 것 또는 업무일지로 계획을 세우는 것, 퇴근 후 남은 시간을 어떻게 보낼지 등 사소한 선택이 쌓여 결국 삶을 형성합니다. 하루하루 행해지는 행동 하나로는 별 차이가 없어 보일 수 있지만, 이 작은 행동이 누적되었을 때 그 결과는 놀라울 정도로 달라질 수 있습니다.

좋은 습관이 만들어 내는
긍정적인 변화

　좋은 습관은 마치 스노우볼 효과(Snowball Effect)처럼 하나의 작은 행동이 더 나은 행동을 촉진하고, 그 결과가 점점 더 커집니다. 마치 눈 덩어리가 언덕을 내려갈수록 눈이 붙어서 점점 커지는 것과 같죠.

　예를 들어 매일 퇴근 후 한 시간씩 사이드 프로젝트로 블로그에 글을 쓴다고 가정해 봅시다. 처음에는 포스팅이 한두 개 쌓여서 보잘것없어 보이고, 시간을 들인 것에 비해 조회수도 형편없을 수 있습니다. 하지만 하루 한 시간씩 꾸준히 투자하면 일 년 후에는 약 365시간을 투자한 셈입니다. 이 정도 시간이면 웹사이트를 만들고, 자격증을 따고, 책 한 권을 완성할 수도 있습니다. 그리고 어느 순간 가벼운 사이드 프로젝트로 시작했던 일이 월급 외 부수입을 가져다 주거나 퇴사와 같은 새로운 기회의 문을 열어 줄 수도 있습니다.

　저의 N잡 생활도 다르지 않았습니다. 회사에서 퇴근하고 시간을 쪼개 가면서 N잡을 시작했을 때 결과물의 퀄리티도 떨어지고 하찮았습니다. 일주일을 매달려서 겨우 업로드한 유튜브 영상은 음질이 좋지 않아서 듣기 힘들었고(실제로 음질에 대한 피드백을 많이 받았었습니다), 인스타그램 게시물은 촌스럽고 전체적으로 피드의 조화를 깼습니다. 그러다 보니 생각만큼 조회수도 오르지 않았습니다. 그래서 직접 클릭하여 조회수를 올려 보기도 했지만(정말이지 조회수 100을 넘기는 것도 쉽지 않습니다), 워낙 조회수가 저조하니 댓글도 달리지 않았습니다. 암담한 기분이 들었고 지인 중 누군가가 저의 처량한 채널을 혹시라도 알게 될까 봐 걱정도 되었습니다. 유튜브를 시작해 본 사람이라면 이 지난하고 고독한 시간을 알 것입니다. 그럼에도 퇴근 후 자기 전까지의 시간과 주말 시간을 써서 콘텐츠를 만들어 업로드하는 것을 반복했고, 사람들의 반응도 체크했습니다.

콘텐츠 만드는 일을 일상의 루틴(평일에는 영상을 기획하고 스크립트를 작성했고, 토요일 오전에 영상 촬영을 한 후 편집했으며, 일요일 오전에 유튜브에 영상 업로드를 했습니다)으로 넣어 두니 어느 순간 작업을 하는 시간이 괴롭게 느껴지지 않고 당연하게 여겨지며 채널 운영을 지속할 수 있었습니다. 시간이 지날수록 영상 결과물의 퀄리티도 좋아지고, 구독자 수도 자연스럽게 늘어갔습니다.

운동을 처음 시작할 때도 스노우볼 효과를 경험할 수 있습니다. 처음 한두 번 헬스장에 출석한다고 해서 눈에 띄게 몸이 좋아지지 않습니다. 매일 아침 체중계에 올라가 몸무게를 체크하면서 어제 체중보다 얼마나 떨어졌는지 확인하다 보면 간혹 좌절이 따라오기도 합니다. 그런데 매일 습관처럼 헬스장에 가고 운동하다 보면, 몸은 서서히 또 정직하게 변화합니다. 그리고 어느 순간 거울에 비친 내 모습에 놀라고 뿌듯함이 따라옵니다. 그렇게 추가되는 루틴으로 매일 거울 앞에서 변화하는 몸

체크하기가 생길 정도입니다.

나쁜 습관이 초래하는 악영향

그런데 안타깝게도 좋지 않은 습관도 같은 방식으로 스노우볼 효과를 일으킬 수 있습니다. 과식하고 바로 눕는 습관이 있다고 가정해 보겠습니다. 처음에는 단순히 식곤증을 해결하기 위해 누워서 쪽잠을 자는 정도였지만, 이 습관이 지속되면 체중은 서서히 증가하고, 체중 증가는 운동 부족으로 이어져서 결국 건강이 나빠지고 삶의 질이 떨어지는 악순환이 발생하게 되죠. '한 번쯤은 괜찮겠지'라는 생각으로 시작되는 작은 습관이 쌓여서 장기적으로는 건강에 치명적인 영향을 미칠 수 있는 것입니다.

또한 직장에서의 나쁜 습관도 문제가 될 수 있습니다. 업무를 시작하기 전 10분 정도 스마트폰을 보는 습관이 있다고 해봅시다. 처음에는 업무 전 환기를 주기 위한 목적으로 시작했지만, 어느 순간 스마트폰을 확인하는 시간이 점차 늘어납니다. 시도 때도 없이 스마트폰 알람을 확인하고, 한번 알람을 체크하면 꼬리를 물어 다른 앱도 열어서 확인하게 되는데, 자연스럽게 업무 집중도가 떨어지고 결국 팀장님에게 한 소리를 듣게 됩니다. 이러한 작은 시간 낭비가 쌓이면서 하루의 생산성이 급격히 감소하고, 야근으로 이어져 결국 경력 발전에도 부정적인 영향을 미칠 수 있습니다.

나쁜 습관은 개인의 문제를 넘어 인간관계에도 영향을 미칠 수 있습니다. 예를 들어 지각하는 습관이 있다고 생각해 봅시다. 처음에는 몇 분 정도 늦는 것이 별일 아닌 것처럼 보이지만, 시간이 지나면서 친구들은 나를 매번 지각하는 사람으로 생각하고 약속 시간을 일부러 더 이른 시간으로 말해 줄 것입니다. 더 나아가 작은 약속도 지키지 않아 신뢰가 가지 않는 친구로 남을 수도 있습니다. 회사에서는 마감 기한을 자주 지키지 않아서 중요한 프로젝트에서 제외되고 승진 기회도 놓칠 수 있습니다.

습관의 누적이 만드는
결정적 차이

좋은 습관이든 나쁜 습관이든 시간이 지날수록 그 영향력은 배가 됩니다. '시간의 복리 효과'라는 말이 있듯이 결국 삶은 하루하루의 작은 선택이 모여 만들어지는 결과물입니다. 시스템을 구축하고 이를 지속적으로 실행한다면, 삶은 놀라운 방향으로 변화할 수 있습니다. 반면 무의식적으로 나쁜 습관을 반복한다면 점점 나쁜 결과를 초래할 수도 있습니다. 작은 습관 하나로 내 인생이 좌지우지된다니, 정신이 바짝 듭니다. 그래서 지금 이 순간, 어떤 습관을 만들고 유지할 것인지 고민해 봐야 합니다.

변화는 거창한 결심이 아니라 작은 행동에서 시작됩니다. 오늘부터라도 나의 하루를 돌아보고, 좋은 습관을 만드는 데 집중해 보세요. 그리고 그 습관을 시스템으로 만들어 자동화할 수 있다면, 어느 순간 내 일상이 바뀌고 더 나아가 인생이 달라져 있을 것입니다.

회사에 다니다 보면 정해진 업무 시간 속에서 무언가가 자연스럽게 루틴이 되기 쉽습니다. 저 역시 그런 경험이 있는데, 어느 시기엔 점심을 먹고 팀원들과 근처 카페에 들러 아이스 바닐라 라테를 마시는 일이 일상이 되었습니다. 처음엔 밥 먹고 나서 달달한 음료를 마시는 게 하루 중 가장 소소한 행복이었고, 이 시간이 주는 기분 좋은 여운 때문에 더욱 그 습관이 굳어졌습니다. 하지만 식후에 당을 섭취하고 바로 앉아 버리는 생활이 반복되며 혈당이 급격히 오르는 '혈당 스파이크'가 찾아왔고, 눈에 띄게 체중이 늘기 시작했습니다. 결국 저는 식후 달달한 바닐라 라테를 마시는 습관을 멈춰야 했습니다. 작은 즐거움이라 여긴 일상이 어느새 몸에 큰 영향을 미치고 있었던 것이죠. 지금은 밥을 먹고 마시는 음료는 아메리카노로 바꿨는데, 계속 마시다 보니 당이 많이 들어간 음료를 먹고 싶다는 욕구도 없어졌습니다. 습관은 결국 건강, 기분, 성과에도 영향을 미치기 때문에 어떤 루틴을 쌓고 있는지 스스로 점검해 보는 일이 필요합니다.

쉽게 사는 치트키, 소어 시스템

하루하루를 살다 보면 크고 작은 일을 선택해야 하는 순간이 오고, 알게 모르게 선택을 위한 고민을 하며 머리와 에너지를 쓰게 됩니다. 아침마다 뭘 입을지 고민하고, 업무를 시작할 때마다 어디서부터 손을 대야 할지 몰라 머뭇거리게 되죠. 그럴 땐 '그냥 누가 정해 줬으면', '그냥 로봇처럼 자동으로 움직였으면 좋겠다'라는 생각을 하기도 하는데, 맞습니다! 그게 바로 핵심입니다.

매번 반복되는 일을 자동화하고 상대적으로 중요하지 않은 일에는 에너지를 아껴서 진짜 중요한 것에 머리를 쓸 수 있도록 하는 삶은 훨씬 덜 피곤하고, 더 생산적으로 굴러갈 수 있습니다. 그런데 문제는 자동화라는 것은 우연히 생기지 않고, 반드시 체계적인 시스템이 있어야 가능합니다.

그래서 저는 효율적인 삶을 위해 '소어 시스템(SOAR System)'을 고안했습니다. 소어(SOAR)는 '치솟는다'라는 의미를 가진 영어 단어인데 네 개 단어의 첫 글자를 따와서 만들었습니다.

- **Structure :** 구조화
- **Optimize :** 최적화
- **Action :** 실행
- **Review :** 회고

이 네 단계를 따라가면, 내가 원하는 삶의 방향으로 루틴을 만들고 실제로 지속 가능한 행동으로 이어지게 됩니다. 하루를 더 잘살고 싶다면, 일과 일상을 더 효율적으로 관리하고 싶다면, SOAR 시스템이 당신의 강력한 치트키가 될 수 있습니다. 그럼 지금부터 네 단계를 전체적으로 훑어보고, 이후 내 상황에 맞게 루틴을 만들 수 있도록 실질적인 행동 가이드를 차근차근 알아볼게요.

Step 1 구조화(Structure) : 문제와 목표를 명확하게 정의하기

어떤 일을 시스템화하려면, 가장 먼저 해야 할 일은 문제와 목표를 명확히 정의해야 하는데, 이것을 구조화 단계로 칭합니다. 많은 사람이 이 과정을 건너뛰기 때문에 루틴을 만들어도 얼마 못 가서 금세 무너지고 말죠. 구조화 단계에서는 이런 질문을 해 보면 됩니다.

> - 지금 반복적으로 피곤하게 만들거나 비효율적인 일이 무엇인가?
> - 지금 개선하고 싶은 행동은 어떤 것인가? 왜 그것을 못하고 있는가?
> - 이 일을 통해 이루고 싶은 구체적인 목표는 무엇인가?

예를 들어 '매일 아침 허둥지둥 출근을 준비하고 자주 지각한다'라는 문제를 가진 사람은 이 문제를 구조화할 때 이렇게 정리할 수 있습니다.

> - **문제 :** 아침에 준비 시간이 부족해서 스트레스를 받고 허둥대다가 자꾸 무언가를 놓고 나간다. 그러다 보니 지각으로 이어진다.
> - **목표 :** 10분만 일찍 일어나서 마음의 여유를 가지고 출근 준비를 하며 하루를 기분 좋게 시작하고 싶다.

문제가 명확해지면 그에 맞는 구체적인 루틴을 설계할 수 있게 됩니다. 이 단계는 나침반과도 같아서 아무리 좋은 루틴이나 도구가 있어도 나의 정확한 문제점 진단과 구체적인 목표 없이 시작하면 결국 길을 잃기 마련이죠. 앞으로 세부적으로 설계된 기법을 통해 나에게 꼭 맞는 루틴을 만들어 볼 것입니다.

Step 2 최적화(Optimize) : 도구와 기술로 효율을 극대화하기

두 번째 단계는 최적화입니다. 이 단계에서는 내가 세운 루틴이나 계획을 무턱대고 실행하기보다 더 쉽고 빠르게 실행할 수 있도록 돕는 기술이나 도구를 도입합니다. 적절한 도구의 사용은 루틴이 내 일상에 안정적으로 안착할 수 있는 확률을 높여 줍니다. 안 쓸 이유가 없죠. 예를 들어 아침 루틴을 최적화하고 싶다면 이런 도구를 사용할 수 있죠.

- **알람 앱** : 수면 주기를 고려한 스마트 알람으로 피로도 줄이기
- **준비물 체크리스트** : 전날 밤 체크리스트를 만들어 놓고 아침 준비 시간 단축하기
- **타이머 앱** : 시간 분배를 정확히 하기 위해 타이머로 각 단계별로 시간 설정하기

업무 루틴의 경우는 더 다양합니다.

- 업무일지를 노션(Notion)이나 트렐로(Trello) 같은 도구로 정리해 두기
- 이메일 자동 분류 필터 만들기
- 반복 작업은 매크로나 템플릿으로 자동화하기

좋은 도구는 습관을 유지하는 데 큰 힘이 됩니다. 이 단계에서 핵심은 '덜 힘들게, 더 자주 반복할 수 있는 구조'를 만드는 거예요.

Step 3 실행(Action) : 꾸준히 실천하기

어떤 루틴이든 실행하지 않으면 아무 의미가 없습니다. 소어 시스템의 세 번째 단계는 바로 꾸준한 실천입니다. 많은 사람이 '나도 이제 변해 보겠어'라는 생각을 하며 거창하게 시작합니다.

"매일 새벽 5시에 일어나서 명상하고, 책 읽고, 운동하고, 아침도 차려 먹고 출근한다!"

그런데 이 루틴이 얼마나 오래 지속될까요? 평소와는 정반대 생활을 했던 사람에게는 채 삼 일을 넘기기도 어려울지 모르겠습니다. 루틴을 지속하는 데 있어서 중요한 건, 작게 시작

하고 자주 반복하는 것입니다. 예를 들어 아침 루틴의 실행은 이렇게 시작할 수 있습니다.

- **Step 1 :** 일어나는 시간 고정하기(매일 7시)
- **Step 2 :** 일어나자마자 창문 열고 스트레칭하기
- **Step 3 :** 10분 동안 간단한 모닝 노트 쓰기

하루 한 가지 루틴만이라도 제대로 지키면 그게 나중에 두 개가 되고, 세 개가 됩니다. 작은 실천이 모여서 삶 전체를 바꾸는 원동력이 됩니다.

Step 4 회고(Review) :
돌아보고 다시 정비하기

마지막 단계는 회고입니다. 아무리 잘 짠 루틴도 중간 점검과 개선이 없다면 오래가기 어렵습니다. 회고는 단순히 '잘했나?'를 확인하는 게 아니라 나의 시스템이 나에게 맞는 방향으로 가고 있는지를 점검하고 조정하는 과정입니다. 예를 들어 이런 질문을 던져 보세요.

- 이번 주에 루틴을 지키지 못한 이유는 뭘까?
- 지금 사용하는 도구나 방식보다 더 효율적인 건 없을까?
- 목표에 비해 루틴이 너무 과하거나 부족하지 않은가?

회고는 주간 또는 월간으로 시간을 정해 두고 정기적으로 하는 것이 좋습니다. 저는 매주 일요일 저녁에 따뜻한 차 한 잔을 두고 지난 한 주를 돌아보는 시간을 가지면서 내가 무엇을 잘했는지, 무엇을 바꿔야 할지 스스로를 돌아보죠.

루틴은 점점 더 '나에게 꼭 맞는' 시스템으로 성장해 갈 것입니다.

소어 시스템은 결국 삶을 더 가볍고 더 단순하게 만들어 주는 프레임 워크입니다. 나에게 중요한 것에 집중하고 반복되는 일을 자동화하며, 점점 더 나은 방향으로 자신을 이끌 수 있게 만들어 줍니다. 시스템 안에는 실질적인 행동 가이드까지 포함하고 있어 내 삶에 쉽게 적용해 볼 수 있고, 또 어떤 결과가 나올 수 있을지 예측할 수 있게 합니다.

이제는 무작정 열심히 살지 않아도 됩니다. 제대로 된 시스템만 있다면, 삶은 훨씬 쉬워지고 훨씬 나아집니다. 하루를 이끌 힘이 필요할 때, 소어 시스템을 적용하면 나의 인생에 진짜 치트키가 되어 줄 거예요.

앞으로 소어 시스템의 단계를 하나씩 뜯어보고 따라 하면서 나에게 꼭 맞는 시스템을 만들고 지속해 봅시다.

2부

1단계

구조화 :
지킬 수 있는 계획
제대로 세우기

1
매번 실패하게 만드는 진짜 문제 보는 법 : 해부하기 기술

항상 그래왔듯이 새로운 다짐을 합니다. 이번 주부터는 운동을 꼭 하겠다고, 이번 달 안에 책 한 권은 읽겠다고, 이번에는 꼭 아침형 인간이 되겠다고요. 그런데 결과는 어떤가요? 삼 일을 넘기기 어렵고, 어느 순간 '나는 왜 이것도 못 지킬까?', '내가 그러면 그렇지 뭐'라는 자책으로 이어집니다. 실패를 반복하는 찝찝하고 불쾌한 이 기분, 다들 겪어 봤을 거예요.

앞에서도 말했듯이 매번 실패로 이어지는 건 단순히 나의 의지가 부족해서가 아닙니다. 진짜 문제는 의지가 아니라 우리가 문제의 본질을 보지 못하고 엉뚱한 곳에서 헤매고 있다는 것이죠. 루틴을 지키지 못한 이유가 단순히 게으름 때문일까요? 어쩌면 너무 큰 계획을 세웠기 때문은 아닐까요? 그 원인은 개인마다 다 다를 것입니다. 문제를 개선하기 위한 첫 단계는 나의 문제를 정확하게 아는 것에서부터 시작입니다. 보편적인 문제는 일반적인 사람들이 겪는 평균값이고, 그건 나의 진짜 문제와 다를 수 있어요. 중요한 건 나를 먼저 알아야 하는 것이죠.

1단계 구조화 단계에서는 나의 진짜 문제점을 진단하고 계획을 세우는 단계입니다. 이 단계는 세부적인 단계들로 분류됩니다. '해부하기', '나열하기', '분류하기', '조정하기' 총 4단계를 거치게 되죠. 지금부터 왜 반복적으로 실패하는지 그 진짜 원인을 해부하는 방법을 소개합니다. 그 과정을 통해 이제는 진짜 '지킬 수 있는 계획'을 세울 준비를 해 봅시다.

미루기
자가 진단 체크리스트

먼저 어떤 이유로 루틴을 자꾸 미루고 실패하게 되는지 자가 진단해 볼 필요가 있습니다. 다음 질문을 읽고 해당하면 체크해 보세요.

- ○ 루틴을 지속하지 못하고 며칠 만에 포기할 때가 있다.
- ○ 유튜브, 쇼츠, 릴스 등을 보며 할 일을 자꾸 미룬다.
- ○ 완벽하게 준비된 상태에서 시작하려고 미룬 적이 있다.

- ○ 주위의 작은 유혹에도 쉽게 넘어가 할 일을 미룬다.
- ○ 마감 시간에 가까울 때 집중력이 올라가 효율이 높다고 생각해서 일부러 미뤄서 한다.
- ○ 보통 예상한 시간보다 일을 더 늦게 끝낸다.
- ○ 약속 시간에 늦을 때가 많다.
- ○ 루틴이 깨지면 지속하지 못하는 나를 자책한다.
- ○ 택배를 열어 보는 걸 일주일 이상 미룬 적이 있다.
- ○ 아침에 기상 알람을 세 개 이상 맞춰 놓는다.
- ○ 운동 등록 후 처음 몇 번만 나간 적이 있다.
- ○ 퇴근 후 생산적인 일을 하기 어렵다.
- ○ 인강을 등록하고 처음 몇 번만 듣다 끝났다.
- ○ 냉장고의 식재료 유통기한이 매번 지나 있다.
- ○ 메일은 '안읽음' 표시를 하고 답장을 미룬다.
- ○ 새해 다이어리를 사고 처음 몇 장만 쓴다.
- ○ 공과금 등을 기한에 내지 않아 연체료를 낸 적 있다.
- ○ 무슨 일을 시작하기 전 갑자기 정리나 청소를 한다.
- ○ 하나에 집중하지 못하고 멀티태스킹을 한다.
- ○ 중요한 일은 미루고 사소한 일을 먼저 한다.
- ○ 내일부터, 월요일부터, 1일부터를 입에 달고 산다.
- ○ 잠에 바로 들지 못한다.
- ○ 날씨 탓으로 자주 돌린다.
- ○ 계획만 세우고 정작 실행은 뒷전으로 미룬다.
- ○ 내 컨디션을 핑계로 쉰다.
- ○ 책이나 유튜브로 시간 관리 방법만 찾아보다 끝났다.
- ○ 루틴을 갖는 건 지루한 일이라고 생각한다.
- ○ 주말이나 회식, 번개 등으로 루틴이 쉽게 깨진다.

○ 누군가 함께 하지 않으면 혼자 지속하기 어렵다.
○ 조금만 틀어져도 그날은 망쳤다고 생각하고 놔 버린다.
○ 자료 찾기에만 열중한다.
○ 기분에 따라 행동한다.

- **0~5개** : 당신은 행동에 바로 착수합니다.
- **6~10개** : 당신은 간간이 미루는 편입니다.
- **11~17개** : 당신은 꽤 상습적으로 미룹니다.
- **18~25개** : 당신은 미루는 게 생활입니다.
- **26~34개** : 미루기 늪에 빠졌어요. 변화가 절실해요!

문제를 해결하려면, 먼저 그 문제가 어떤 모습으로 반복되고 있는지 직시해야 하고 현재 나의 상황도 객관적으로 파악할 필요가 있습니다.

꿈꾸는 이상적인 하루 vs 실제 일상의 하루 비교하기

내가 생각하는 이상적인 하루의 모습은 어떤가요? 새벽 6시에 일어나 운동하고, 일찍 퇴근해서 책을 읽고, 밤엔 글을 쓰는 하루처럼, 잘 짜인 모습인가요? 그런데 실제 내 하루는 어떤 모습인가요?

실제로 보내고 있는 하루를 다음과 같은 양식으로 빈 종이에 적어 보세요. 내가 한 일은 하루를 돌아보면서 써도 되고, 종이를 가지고 다니면서 틈틈이 적어도 좋습니다.

시간대	실제 내가 한 일	이상적인 나의 하루
07:00 - 08:00	알람 3개를 듣고 겨우 일어나서 휴대폰을 보며 뭉그적거리다 일어나기	기상 후 헬스장 출석하기
08:00 - 09:00	허둥지둥 준비하고 출근하기	아침 식사, 여유롭게 준비하다 출근하기
09:00 - 18:00	업무	업무
18:00 - 19:00	퇴근길에 군것질거리 사기	퇴근길에 경제 뉴스 듣기
19:00 - 22:00	넷플릭스 보기	사이드 프로젝트 하기

이 표를 채우다 보면 자연스럽게 무의식적으로 반복하고 있는 패턴과 내가 원하는 삶과의 거리감을 확인하게 됩니다. 바로 문제의 실체를 보는 첫 단계입니다.

문제를 직시하는 건 사실 유쾌하지 않지만, 어렴풋이 알고 있는 '문제'라는 존재를 더 이상 회피하지 않고 똑바로 인지해야 합니다. 그래서 하루 동안 무엇을 하면서 시간을 보냈는지 기록을 하는 건 문제를 대면하는 아주 좋은 방법입니다. 이 과정에서 생각보다 많은 시간이 불필요한 일을 하면서 낭비되고 있다는 것을 알게 될 것입니다. 회사에 다닐 때는 퇴근 후 사이드 프로젝트를 해 보려고 나름대로 일도 했지만, 좀처럼 진도가 잘 나지 않았습니다. 그래서 퇴근 후 시간을 어떻게 보내는지 세세하게 적었고, 그제야 일하는 시간 대비 낭비하고 있는 시간도 만만치 않게 많다는 것을 알게 되었습니다. 집에 와서 저녁을 먹을 때 주로 넷플릭스(주로 미국 드라마를 보았다)를 틀어 두었는데, 식사가 끝날 때까지 한 회차가 끝나지 않으면 끝날 때까지 보면서 시간을 보냈습니다. 그러다 보니 기본 두 시간은 저녁밥을 먹는 데 썼습니다. 저녁 시간을 끝내고 사이드 프로젝트를 시작하려고 할 때 시간은 벌써 오후 9시가 훌쩍 넘어 있었습니다. 다시금 어영부영 시간을 보내다 보면 금방 잘 시간이 되었습니다. 이렇게 하루를 돌아보는 시간 기록을 보고 나서 저의 진짜 문제를 직면할 수 있었습니다.

진짜 문제 해부하기 :
나를 막는 것은 무엇인가

이제는 본격적으로 해부의 시간입니다. 종이 한 장을 꺼내거나 노트를 열고 다음 질문에 대해 손이 가는 대로 적어 보세요. 누군가에게 보여 줄 필요도 없고, 논리적으로 쓰지 않아도 됩니다. 지금 당신이 해야 할 일은 머릿속을 시원하게 털어내는 것입니다.

> Q1. 지금 이루고 싶은 목표는 무엇인가요?
> ▶ 요요 없는 체중 감량, 꾸준한 블로그 연재로 수익 내기, 매일 영어 공부해서 원어민과 프리 토킹하기 등
> Q2. 그 목표를 이루지 못하게 하는 방해 요소는 무엇인가요?
> ▶ 불안감을 느낄 때 야식을 찾게 됨, 야근하고 나면 집에서 사이드 프로젝트를 할 의욕을 잃음 등
> Q3. 루틴을 지키는 데 가장 힘들었던 순간은 언제였나요? 그때 어떤 기분이었나요?
> ▶ 퇴근 후 바로 눕고 싶은 마음, 실패할 것 같다는 불안감, 지금 해 봤자라는 생각 등
> Q4. 그런데도 이 목표를 이루고 싶은 이유는 무엇인가요?

생각보다 많은 사람이 목표는 있으면서도, 정작 왜 그 목표를 이루고 싶은지조차 모른 채 반복적으로 무너지고 있습니다. 해부의 과정은 이 흐릿했던 부분을 명확히 보게 만듭니다.

계획 세우기가 막막한 사람을 위한 치트키 : 만다라트 계획

계획을 세우기 어려운 사람에게 추천하고 싶은 도구는 바로

만다라트 계획표입니다. 다음 작성법과 양식을 보고 만들어 보세요.

> 1. 중앙에 핵심 목표 1개를 적습니다.
>   ▶ 나만의 전자책 출간하기
> 2. 그 목표를 이루는 데 필요한 여덟 가지 세부 목표를 주변 여덟 칸에 적습니다.
>   ▶ 매일 글쓰기 / 자료 조사 / 글쓰기 도구 익히기 / 편집 배우기 등
> 3. 각 세부 목표마다 실행 계획 여덟 개를 더 적어 '작게 쪼갠 목표'를 만듭니다.
>   ▶ '매일 글쓰기' → ① 매일 500자 쓰기, ② 매일 오전 글쓰기 시간 확보하기 등

총 64개의 작은 실행 계획 목록이 만들어지는데, 이걸 보고 있으면 생각보다 단계가 명확하고 실행할 수 있다는 자신감이 생깁니다. 무엇보다 큰 목표 앞에서 겁먹지 않게 만들어 줍니다.

해부는 불편한 과정일 수 있습니다. 마주치고 싶지 않은 내 모습과 맞닥뜨리게 되지만, 이 과정을 거치지 않으면 우리는 또다시 엉뚱한 이유로 실패하고 맙니다. 실패가 반복되는 이유는 나를 잘 몰랐기 때문이지, 부족해서가 아닙니다.

하지만 이제는 다릅니다. 나는 문제의 정체를 알아차렸고, 자신을 이해하려는 시도를 시작했습니다. 드디어 다음 단계로 넘

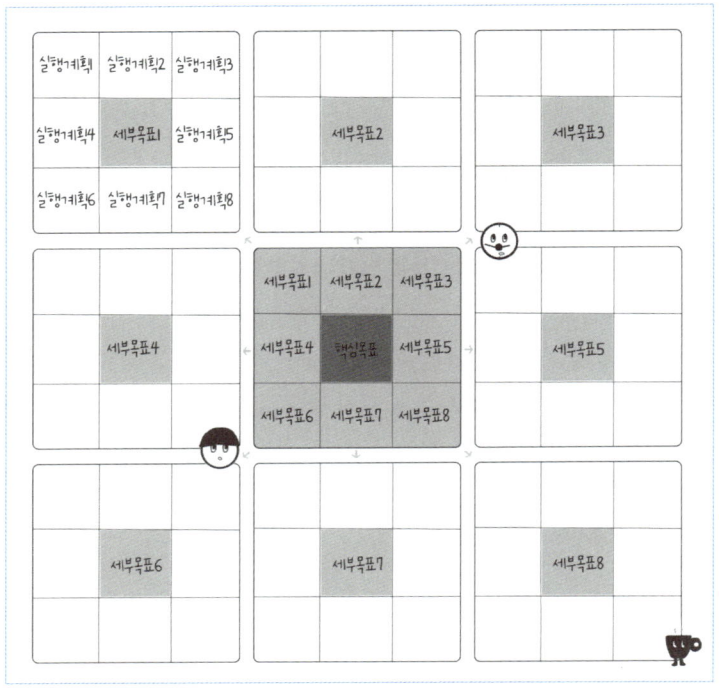

→ **만다라트 계획표**

어갈 준비가 되었습니다.

❷ 지킬 수 있는 계획 세우는 법: 나열하기 기술

문제를 해부하고 나의 진짜 문제를 알게 되었을 때, 슬슬 무언가를 하고 싶다는 욕구가 생깁니다.

"이제는 진짜 시작해 보자."

그런데 막상 시작하려고 보니 무엇을 먼저 시작해야 할지, 정작 손에 잡히는 건 없을 때가 있습니다. 그 이유는 간단합니다. 무엇을 해야 하는지 나열하지 않아서, 할 일이 와닿지 않은 상태이다 보니 머릿속에 막연하게 떠다니기 때문입니다.

지속 가능한 루틴은 생각보다 훨씬 구조적이고 기술적인 작업입니다. 머릿속 생각을 꺼내 종이에 나열하고, 내가 해야 할 행동을 체계적으로 배열하며, 나에게 꼭 맞는 루틴을 설계하는 것. 바로 '나열하기 기술'입니다.

지금부터 나에게 꼭 맞는 루틴을 만드는 다섯 가지 도구를 소개합니다. 어떤 루틴이든 다섯 가지 도구 중 하나 이상을 활용하면, 루틴 계획은 더욱 구체적으로 설정할 수 있고 실천도 훨씬 쉬워집니다.

루틴 공식 :
언제, 어디서, 무엇을 할 것인가

두리뭉실한 계획을 세우고 루틴을 실행해야 할 그 시간에 생각이 날 것이라고 기대하는 건 운에 기대는 것에 가깝습니다. 막상 루틴대로 실행해야 할 때 생각이 나지 않을뿐더러 생각이 나더라도 우리 뇌는 습관적으로 미루려고 하기 때문입니다. 그래서 루틴은 내용이 구체적일수록 달성률이 올라가고 지키기가 쉬워집니다. 루틴의 본질은 단순합니다.

"나는 언제, 어디서, 어떤 행동을 할 것이다."

이 문장 하나만 제대로 만들어도 루틴의 반은 성공입니다.

예를 들어 '꾸준히 운동해야지'보다는 '7시에 헬스장에 가서 근력운동을 해야지'가 구체적이고, '퇴근 후 공부해야지'보다는 '퇴근 후 한 시간 내로 책상 앞에 앉아야지'가 훨씬 지키기 쉽습니다. 그리고 루틴을 실행하는 횟수가 늘어날수록 그 시간, 그 장소에만 가면, 자동으로 내 몸이 '신호'로 받아들여서 의식하지 않아도 자연스럽게 루틴을 실행하게 됩니다. 결과적으로 완전히 내 일상에 녹아든 루틴으로 만들 수 있게 됩니다.

· **루틴 공식**

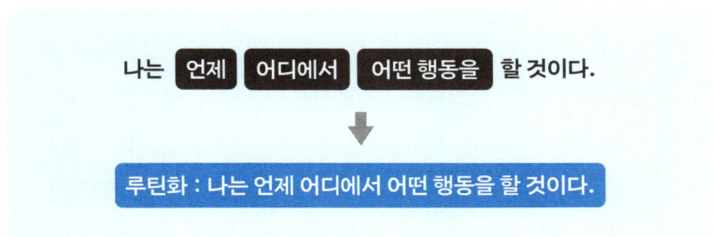

언제	어디에서	어떤 행동을	루틴화
퇴근 후	헬스장에서	한 시간 운동	나는 퇴근 후 헬스장에서 한 시간 운동을 할 것이다.
아침 기상 직후	침대 위에서	10분간 명상	나는 아침 기상 직후 침대 위에서 10분간 명상을 할 것이다.
퇴근 후 두 시간 내	책상 앞에서	앉아서 부업	나는 퇴근 후 두 시간 동안 책상 앞에 앉아서 부업을 할 것이다.
잠자기 전	침대에서	10분 독서	나는 잠자기 전 침대에서 10분간 독서를 할 것이다.

시작하고 싶은 루틴이 있다면 먼저 다음 문장부터 완성해 보세요.

"**나는** (언제) (어디에서) (무엇을) **할 것이다.**"

회사에 다니면서 유튜브 채널을 운영하기 위해 영상 작업과 관련한 일련의 루틴이 있었어요. 그중 하나가 '토요일 오전 8시에는 일찍 여는 카페에 가서 따뜻한 커피를 마시면서 영상 스크립트 작성하기'였습니다. 이 루틴이 있어서 주말 아침에도 늦잠을 자거나 침대에서 뭉그적거리면서 시간을 쓰지 않을 수 있었고, 세수만 하고 곧바로 집에서 나설 수 있었습니다. 원래의 저라면 평일 직장생활에 대한 보상 심리(보상은 다양한 방식으로 주어졌는데, 금요일 밤 약속이 없다면 고열량 배달 음식으로 폭식하기처럼 다소 안 좋은 방법으로 풀곤 했습니다)로 늘어지게 늦잠을 자는 편을 선택했는데, 사이드 프로젝트를 하다 보니 일할 시간도 필요했고, 주말 하루를 늦게 시작하는 데서 오는 '현타'로 인해 바뀌어야겠다고 생각했습니다. 주말 아침 루틴의 강력한 힘은 아침에 눈을 떴을 때 '이제 무얼 할까, 조금만 더 잘까?'를 생각하지 않고, 평일 아침에 눈을 뜨고 바로 출근 준비하듯이 하려고 하는 일을 망설임 없이 시작할 수 있다는 것입니다. 만들고 싶은 루틴이 있다면 먼저 루틴 공식을 써서 구체적인 루틴 계획을 만들어서 실행했고, 내 몸이 루틴에 완전히 익숙해질 수 있도록 만들었습니다.

루틴 꼬리물기 :
A 다음엔 B

'루틴 꼬리물기'는 말 그대로 한 루틴이 끝나자마자 다음 루틴이 자연스럽게 이어지도록 설계하는 방식으로, 만들려는 루틴이 서로 연속성을 가졌다면 루틴 꼬리물기를 사용하여 루틴을 실행하는데 난이도를 낮춰서 습관을 지속할 수 있습니다.

원래 가지고 있던 습관 A가 있고 새로 만들려는 습관 B가 있다면, A를 하고 나서 바로 B를 하는 것처럼 꼬리를 무는 거죠. 예를 들어 원래 Ⓐ 아침 6시에 일어나는 습관을 지니고 있다면, 일어나서 바로 새롭게 만들고 싶은 습관 Ⓑ 5분 명상하기를 이어서 진행하는 거예요. 이런 식으로 꼬리물기는 몇 개씩 붙여서 이어 나갈 수 있고, 미라클 모닝 루틴, 나이트 루틴 등 라이프스타일 성격의 루틴을 만들 수 있습니다. 이렇게 연결된 루틴은 하나의 흐름처럼 작동하므로 습관화가 쉬워지고 중간에

· **루틴 꼬리물기**

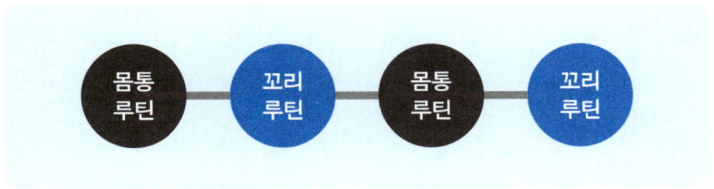

세트	몸통 루틴	꼬리 루틴	루틴화
1세트	아침 6시에 일어나기	5분 명상	나는 아침 6시에 일어나서 5분 명상을 할 것이다.
2세트	5분 명상	따뜻한 차 마시기	나는 5분 명상을 한 후에 따뜻한 차를 마실 것이다.
3세트	따뜻한 차 마시기	따뜻한 물로 목욕하기	나는 따뜻한 차를 마신 후 따뜻한 물로 목욕할 것이다.
4세트	따뜻한 물로 목욕하기	건강 스무디 마시기	나는 따뜻한 물로 목욕한 후에 건강 스무디를 마실 것이다.

끊어질 틈이 적습니다.

　연속성을 가진 루틴을 만들 때 'A를 한 후에 B를 한다'로 문장을 만들어 보세요. 'Ⓐ 점심 먹고 Ⓑ 가벼운 산책하기', 'Ⓐ 러닝 후에는 Ⓑ 다리 스트레칭하기', 'Ⓐ 퇴근 후에 집에 오자마자 Ⓑ 손발 씻기' 등 기존 습관에 새로운 루틴을 연결하는 게 핵심입니다.

루틴 보상 :
끝까지 가고 싶다면

　루틴을 실행하다 보면 어느 순간 익숙해지고 지루함이 생기기 마련입니다. 도파민을 갈구하는 우리 뇌에는 자연스러운 현상이니까 쉽게 싫증 낸다고 자책할 필요는 없습니다. 루틴이 지루해져서 그만두는 일을 막기 위해서는 즉각 보상이 필요합니다. 적절한 즉각 보상을 주는 방법은 나의 목표 달성에 피해가 되지 않는 방향으로 스스로 보상을 주면 됩니다.

　"내가 이걸 하면, ○○을 스스로 선물할 거야"라고 보상을 미리 선언하고, 루틴 실행에 집중하면 됩니다.

　예를 들어서 체중 감량을 위해 하루에 목표한 운동을 끝냈을 때, 보상으로 '케이크 먹기'는 나의 목표 달성에 반하는 보상이기 때문에 적절한 보상 설정이 아니죠. 루틴 보상은 '(만들고 싶은 루틴)을 하면 (끝냈을 때 보상)을 준다'로 만들어 주세요.

· **루틴 보상**

만들고 싶은 루틴	끝냈을 때 보상
30분 운동하기	노션에 완료 체크하기
불필요한 소비 참기	보상 계좌에 만원 입금하기

· **만들고 싶은 루틴과 루틴 보상**

어떤 루틴을 장착하고 싶으세요?	루틴을 끝냈을 때 주고 싶은 보상이 뭔가요?
밥 먹고 디저트 안 먹기	다이어트 통장 계좌에 1,000원 입금하기
헬스장에서 운동 한 시간 하기	인스타그램 운동 계정에 인증 사진 올리기

타스크 피자 :
문제를 쪼개다 보면 할 일이 보인다

마지막으로 복잡하고 거창한 목표 앞에서 막막할 때 사용할 수 있는 비장의 도구는 '타스크 피자(Task Pizza)'입니다. 말 그대로 피자처럼 도우 위에 토핑을 하나씩 얹어가듯, 목표와 문제를 세 번의 'Why'를 거쳐 단계별로 알아가고 최종적으로는 지금 당장 해야 할 일을 도출해 내는 도구입니다.

루틴은 막연한 다짐으로 시작하는 게 아니라 현실적인 계획과 문제 해결의 결과물로 만들어집니다. 우리는 종종 소화하기 어려울 정도로 많은 계획을 세우고, 그걸 다 못 지킨다고 자책

- **타스크 피자**

1. **최종 목표** : ○○○을 하고 싶다
   (그것을 위해서는)

2. **세부 목표** : ○○○을 해야 한다
   (근데 왜 그 행동을 못하고 있을까?)

3. **겪고 있는 문제**
   (왜 문제일까? 진짜 문제가 뭘까?)

4. **Why**
   (근본 문제를 해결하기 위한)

5. **할 일 = 루틴**

타스크 피자 작성법 – 꾸준한 블로그 연재를 위한 타스크 피자

1. 최종 목표 : 내가 이루고 싶은 결과
   ▶ 3개월 후 블로그 연재 열 편 완료
2. 세부 목표 : 그걸 위해 필요한 작업
   ▶ 매주 한 편 글쓰기, 매일 30분 아이디어 정리
3. 문제 : 왜 이걸 지금 못하고 있을까?
   ▶ 아이디어가 잘 안 떠오른다, 글쓰기 시간이 부족하다
4. Why를 세 번 반복 : 왜 문제일까? 진짜 문제가 뭘까?
   ▶ 왜 아이디어가 안 떠오를까? → 메모를 안 해 둬서
   ▶ 왜 메모를 안 했을까? → 귀찮고 습관이 안 돼서
   ▶ 왜 습관이 안 됐을까? → 메모 도구가 불편해서
5. 결국 도출된 루틴/할 일 : 근본 문제를 해결하기 위해 할 일
   ▶ 매일 밤 10시에 노션에 글 아이디어 세 개 적기, 점심시간 10분 동안 브레인스토밍 시간 확보

> **건강한 몸을 만들기 위한 타스크 피자**
>
> 1. 최종 목표 : 내가 이루고 싶은 결과
>   - ▶ 건강한 몸 만들기
> 2. 세부 목표 : 건강한 몸을 위해 필요한 작업
>   - ▶ 매일 달리기를 해야 한다
> 3. 문제 : 왜 이걸 지금 못하고 있을까?
>   - ▶ 달리기를 자주 빠뜨리게 된다
> 4. Why를 세 번 반복 : 왜 문제일까? 진짜 문제가 뭘까?
>   - ▶ 왜 빠뜨릴까? → 저녁을 먹고 나가기 귀찮아서
>   - ▶ 왜 저녁을 안 먹나? → 배부르게 먹고 뛰면 배가 아파서
>   - ▶ 왜 배가 아플까? → 저녁에 과식을 해서
> 5. 결국 도출된 루틴/할 일 : 근본 문제를 해결하기 위해 할 일
>   - ▶ 당장 저녁 식사를 원래 양의 1/2로 줄여야 한다

합니다. 하지만 중요한 것은 많이 세우는 게 아니라 지킬 수 있는 계획을 세우는 것이고 '나열하기'는 그 시작입니다.

지금 바로 펜을 들어 자신만의 루틴을 써 보세요. 막연한 목표를 현실의 행동으로 바꾸는 기술, 누구나 할 수 있습니다.

3
복잡한 생각을 정리하는 법 : 분류하기 기술

앞에서 여러 가지 공식에 따라 루틴과 할 일을 쭉 나열했습니다. '이거 해야지, 저것도 해야지' 하면서 마음은 점점 들뜨고, 동시에 목록이 길어질수록 약간은 혼란스러워졌을지도 모릅니다. 실제로 많은 루틴이 한꺼번에 쏟아져 나오면, 오히려 '뭐부터 해야 하지?' 싶은 생각이 들면서 심각한 경우엔 머리가 복잡해져서 또다시 루틴 실행을 미뤄 버리기도 합니다.

이때 필요한 기술이 바로 '분류하기'입니다. 분류는 단순한 정리 정돈이 아니고, 생각의 무게를 줄여 행동의 방향을 명확히 해 주는 가장 똑똑한 기술입니다.

회사에서 기획/계획 업무를 맡고 있을 때, 수많은 문서와 회의자료, 보고서, 가이드 등이 매일같이 쌓였습니다. 팀원들도 많고 프로젝트도 동시에 여러 개가 돌아가다 보니, 필요한 파일을 찾느라 시간을 낭비하는 일이 잦았습니다. 특히 팀장님이 상무님에게 보고할 때 "그 자료 어디 있지? 작년 실적이 얼마였지?"하고 급하게 찾을 때가 많았습니다. 그때부터 저는 파일과 폴더를 분류하는 습관을 들이기 시작했습니다. '프로젝트명별', '업무 유형별', '연도/월' 기준으로 폴더 구조를 짜고, 파일명도 누구든지 알아볼 수 있도록 통일된 규칙을 적용했습니다. 예를 들어 '202505 A프로젝트_4월실적' 같은 식으로 말이죠. 팀원 중 누가 어떤 자료를 찾든 내 폴더에만 들어오면 바로 찾을 수 있었고, 내가 회의에 없어도 동료가 필요한 파일을 손쉽게 찾아 활용할 수 있었습니다. '분류하기'는 단지 깔끔한 정리를 위한 게 아니라 혼선을 줄이고 커뮤니케이션의 정확성을 높이고 조직 전체의 생산성을 끌어올리는 핵심 기술이라는 것을 실감했습니다. 이후에도 일뿐만 아니라 삶의 영역(옷장 정리, 냉장고 정리, 투자 포트폴리오 짜기 등)에서도 분류하기를 적용해서 정리 정돈하고 있습니다.

분류하기 :
태그를 붙이고 폴더에 넣는 일

분류하기 기술을 쉽게 이해하려면 스마트폰 속 사진첩을 떠올려 보세요. 수백 장의 사진이 무작위로 저장되어 있다면 원하는 사진을 찾기 어렵지만, '여행', '가족', '음식' 폴더로 일목요연하게 정리되어 있다면 보고 싶은 사진을 바로 찾을 수 있습니다.

루틴도 마찬가지입니다. 루틴마다 태그를 붙이고, 유사한 목적이나 카테고리로 묶는 것. 바로 '분류하기' 기술입니다.

태그 붙이기

직접 만든 루틴이나 행동 항목에 태그를 붙여 보세요.

[건강/다이어트 태그]

- 저녁 식사량 1/2로 줄이기
- 밥 먹고 디저트 안 먹기
- 냉장고에 가공식품 안 보이게 치우기
- 퇴근 후 헬스장에서 30분 이상 유산소하기
- 일주일에 세 번은 채소 중심으로 식사하기
- 주말마다 체중 기록하기

[자기관리/시간 관리 태그]

- 아침 7시에 일어나 하루 계획 세우기
- 저녁 9시에 하루 회고 정리하기
- SNS 앱은 폴더 깊숙이 넣어 두기
- 유튜브는 '구독자 피드'만 보기

- 25분 집중/5분 휴식 타이머 설정하고 일하기

[자기계발/창작 태그]
- 하루 15분 독서하기
- 매주 한 편 블로그 글쓰기
- 매일 아이디어 메모 세 개 작성하기
- 유튜브 콘텐츠 기획안 만들기
- 읽은 책 인사이트 요약해서 기록하기

폴더로 묶기 :
나만의 루틴 카테고리 만들기

이제 비슷한 태그를 기준으로 루틴을 하나의 '폴더'로 묶어 보세요. 이 폴더는 일종의 주제별 루틴 모음입니다.

[아침 루틴 폴더]
- 기상 후 물 한 잔 마시기
- 간단한 스트레칭하기
- 하루 일정 체크 및 계획 정리하기
- 오늘 할 일 우선순위 정하기
- 5분 명상하기

[퇴근 후 루틴 폴더]

- 운동복 갈아입기
- 헬스장에서 30분 운동하기
- 저녁은 1/2 공기만 먹기
- 가공식품 치우기
- 자기 전 10분 회고 일기

[창작/생산 루틴 폴더]

- 오전 집중 시간에 블로그 초안 쓰기
- 점심 전 아이디어 메모 세 개 정리하기
- 주말 콘텐츠 리뷰 및 기획 리서치하기

폴더를 만들면 언제 어떤 루틴을 실행할지 한눈에 보이고, 루틴 실천의 흐름을 만들어 줍니다. 루틴은 개별 행동이지만, 폴더 속에 있을 때 하나의 '루틴 흐름'이 되죠.

상황별로
꺼내 쓰기 쉽게 만들기

분류하기의 또 다른 장점은 상황별로 필요한 루틴만 꺼내 쓸 수 있다는 것입니다. 예를 들어 '오늘은 너무 피곤해서 최소 루틴만 하고 싶다'라면, '체력 없어도 가능한 루틴' 폴더만 열어 보면 됩니다. 반대로 '오늘은 집중력 폭발하는 날!'이라면 '몰입 루틴' 폴더를 꺼내 실행하면 되겠죠. 이렇게 분류해 두면, 루틴은 나를 압박하는 존재가 아니라 필요할 때마다 꺼내 쓸 수 있는 도구가 됩니다. '월요일 루틴', '에너지 없을 때 루틴', '회복 루틴' 등 감정이나 상황을 기반한 분류도 유용해요.

**내가 만든 루틴
정리된 걸 보면 기분도 정돈된다**

　루틴을 하나하나 분류하다 보면 흥미로운 변화를 체감하게 됩니다. 바로 머릿속이 함께 정돈되기 시작한다는 점입니다. 그동안 '해야지, 언젠가는 해야지' 하며 막연하게 떠올리기만 했던 생각들이, 태그와 카테고리라는 이름을 얻고 폴더 안에 제자리를 찾아 들어가면서 비로소 구조화된 사고로 전환되기 시작합니다.

　머릿속을 떠다니던 수많은 해야 할 일들이 정리되고, 시각적으로도 한눈에 들어오게 되면, 이상하게 마음이 놓이고 안정감을 느끼게 됩니다. 이따금 루틴 정리 화면을 들여다볼 때면, '아, 나 그래도 잘하고 있구나'라는 작고 은은한 뿌듯함이 마음속에 차오릅니다. 그러면 자연스럽게 행동에도 탄력이 붙고, 실행의 속도가 붙습니다. 루틴이라는 것은 정리되는 순간부터 '언젠가 해 볼 가능성'이 아니라 지금 당장 실천할 수 있는 '현실의 목록'

으로 탈바꿈하기 때문입니다.

　우리는 종종 루틴을 '만드는 일'에만 몰두한 나머지, 그것을 체계적으로 '정리하는 일'에는 소홀해지곤 합니다. 하지만 아무리 훌륭하고 야심 찬 루틴을 만든다 해도, 그 안에 담긴 생각과 목적이 정돈되어 있지 않으면 실행은 흐지부지되기 마련입니다. 결국 정리는 선택이 아니라 필수입니다. 나열은 단지 출발점일 뿐이고, 분류는 나아갈 방향을 설정하는 작업입니다.

　지금까지 해 온 루틴을 다시 한번 들여다보세요. 목록을 한 줄 한 줄 살펴보고, 공통되는 키워드에 태그를 달아 보세요. 시간대별로, 목적별로 혹은 성격별로 폴더를 나누고, 그 안에 항목을 정리해 보세요. 꺼내 쓰기 쉽게 준비해 두면, 루틴은 더 이상 '관리해야 할 일거리'가 아니라 나의 삶을 굴러가게 만드는 체계적인 시스템이 되어 줄 것입니다. '분류하기'는 사소해 보이지만, 삶을 바꾸는 결정적인 기술입니다. 이제는 당신 차례입니다. 분류하기 기술로 당신의 루틴을 단단히 다듬어 보세요.

같은 시간에
최대 효율 뽑아내는 법 :
조정하기 기술

해야 할 일이 쌓여 있는 것을 보는 순간, 종종 막막함에 사로잡힙니다. 마치 눈앞에 산처럼 높이 쌓인 일이 한꺼번에 덮쳐오는 느낌. 그럴 때 어떤 사람은 본능적으로 멈추는 쪽을 선택합니다. 아무것도 하지 않는 것이 차라리 덜 피곤하게 느껴지고, 오히려 잠시 멈춤으로써 혼란 속에서 자신을 보호하려는 무의식적인 반응이 나타나는 것이죠. 머릿속은 수많은 생각으로 복잡하게 얽히는데, 아이러니하게도 손발은 멈춰 버립니다.

앞에서 해야 할 일과 루틴을 목록으로 만들고, 주제별로 나누어 폴더에 담아 정리했습니다. 일단 큰 틀에서는 정리된 듯 보이지만, 막상 하루를 시작하려고 하면 다시 또 압도당하는 기분이 들기도 합니다. 루틴이 많아 보이고, 해야 할 일들이 줄지어 기다리고 있는 것 같아 덜컥 겁이 날 수 있습니다. '이걸 오늘 다 할 수 있을까?'라는 생각이 스멀스멀 올라오고, 마음은 불안해집니다. 결국 아무것도 하지 못한 채 시간을 보내게 되는 경우도 많습니다.

　이때 가장 먼저 해야 할 일은 '의욕을 억지로 끌어올리려는 것'도 아니고, '지금부터 모든 일을 다 해치우겠다'라는 무리한 결심을 하는 것도 아닙니다. 가장 먼저 해야 할 일은, 아주 단순하지만 '효과적인 정리'입니다.

　매일 반복되는 루틴, 오늘 꼭 처리해야 할 급한 일, 내가 정말 하고 싶은 일 그리고 몇 달 뒤를 내다 본 장기적인 목표까지. 이 모든 것이 동시에 머릿속을 떠다니는 순간, 우리 뇌는 통합적으로 처리하지 못하고 '혼란'이라는 경고음을 내기 시작합니다. 이것은 감정적으로나 인지적으로나 무척 피로한 상태입니다. 이때 이 혼란을 잠재우고 다시 움직이기 위한 가장 효과적인 방법은 바로 '무엇을 먼저 해야 할지 정하는 일' 다시 말해 '우선순위 정하기'입니다.

　우선순위를 정하는 것은 단순히 일을 나누는 것이 아닙니다. 마음의 질서를 회복하는 과정이기도 합니다. 가장 급하고 중요한 일부터 차근차근 목록을 다시 정리하다 보면, 그 안에서 할 수 있는 일이 보이고, 전체 흐름이 그려지며 무엇보다도 마음이 다시 평정심을 되찾습니다. 일이 많다는 사실은 달라지지 않지만, 내가 지금 무엇부터 하면 되는지를 알게 되는 순간, 부담감은 눈에 띄게 줄어듭니다.

여기에서의 정리는 단순한 정리가 아니라 다시 시작하기 위한 준비입니다. 압도당한 마음을 정리하고 마비된 손발을 다시 움직이기 위해 지금 당장 해야 할 일은 다름 아닌 '우선순위를 세우는 정리'입니다. 이 작은 정리의 힘이 복잡했던 하루를 움직이는 가장 강력한 원동력이 되어 줄 것입니다.

해야 할 일이 많아 막막할 때 이 그래프를 꺼내세요

많은 사람에게 익숙한 개념 중 하나로 '아이젠하워 매트릭스' 혹은 '우선순위 4분면'이라는 도구가 있습니다. 단순해 보이지만 실제로는 매우 강력한 사고 도구로, 해야 할 일을 '중요한가'와 '긴급한가'라는 두 가지 기준에 따라 네 가지 영역으로 나누어 정리할 수 있도록 도와줍니다.

1사분면에는 '중요하고 긴급한 일', 2사분면에는 '중요하지만 긴급하지 않은 일', 3사분면은 '중요하지 않은 일', 마지막 4사분면에는 '중요하지도 않고 긴급하지도 않은 일'이 들어가게 됩니다. 흔히 일상에 쫓기다 보면 긴급한 일에만 몰두하게 되어, 정작 장기적인 성과를 만들어 주는 '중요하지만 긴급하지 않은 일'은 계속 뒤로 미뤄지기 때문에 단순해 보이는 이 도식은 강력한 기능을 발휘합니다.

이 매트릭스를 활용하면 눈앞에 닥친 일 속에서 당장 처리해야 할 일과 버려야 할 일을 명확하게 구분할 수 있게 됩니다. 예컨대 '중요하지도 않고 긴급하지도 않은 일'은 과감하게 버려야 하고, '중요하지만 긴급하지 않은 일'은 계획적으로 시간을 들여 깊이 있게 다뤄야 하는 일입니다.

	긴급함 높음	긴급함 낮음
중요함 높음	1사분면(즉시 실행)	2사분면(계획 수립)
중요함 낮음	3사분면(위임 or 줄이기)	4사분면(제거 or 미룸)

다이어트를 결심한 A씨. 요즘 체력도 떨어지고 몸무게도 늘어서 일상 속 루틴을 제대로 만들어 보려고 '해부하기', '나열하기', '분류하기' 과정을 거쳐서 할 일 목록을 다음과 같이 정리했습니다.

1. 오늘부터 식단 기록 작성하기
2. 매일 헬스장에서 한 시간 근력 운동하기
3. 인스타그램에서 다이어트 식단 레시피 검색하기
4. 아침에 물 500mL 마시기
5. 내일 저녁 약속 메뉴 조정하기
6. 새로운 요가복 쇼핑하기
7. 체중 측정 & 기록하기
8. 자기 전 가벼운 스트레칭하기

이제 목록을 우선순위 매트릭스에 따라 나눠보겠습니다.

> - 1사분면(중요하고 긴급한 일)
>   → 오늘부터 식단 기록 시작하기(지금 안 하면 내일도 못함)
>   → 내일 저녁 약속 메뉴 조정하기(시간 촉박)
> - 2사분면(중요하지만 아직 긴급하지 않음)
>   → 아침에 물 500mL 마시기(아침 공복에 규칙적으로 할 것)
>   → 자기 전 가벼운 스트레칭하기(계획 필요)
>   → 체중 측정 & 기록하기(아침 공복에 규칙적으로 할 것)
> - 3사분면(긴급하지만 중요하지 않음)
>   → 인스타그램에서 다이어트 식단 레시피 검색하기(집에 식재료를 먼저 사용해야 함)
> - 4사분면(중요하지도 긴급하지도 않음)
>   → 새로운 요가복 쇼핑하기(지금 꼭 필요하지 않음)

분류하고 나니 감이 오죠? 하루에 계획한 루틴을 다 하지 못하는 이유는 4사분면 같은 일이 은근슬쩍 시간을 먹어 치우고, 2사분면의 중요한 일은 '나중에 해야지' 하며 미루기 때문입니다.

일은 많고 시간은 적을 때 이렇게 조정하세요

앞에서 일의 중요도에 따라 정리를 했음에도 일이 너무 많아서 아직도 갈피를 못 잡을 수도 있을 거예요. 그럴 때는 다음의 두 가지 질문을 던져 보세요.

> 1. 이 일은 정말 '내가' 해야 하는 일인가?
> 2. 이 일은 오늘 당장 해야만 하는 건가?

두 질문을 통과하지 못하는 일은 과감하게 미루거나 줄이거나 위임하세요. 완벽주의는 '지금 당장'보다 '전혀 하지 않음'을 선택하게 만들기 때문에 기준을 내려놓는 것이 진짜 시작입니다.

또 하나의 실용적인 팁은 '에너지 시간표'를 활용하는 것입니다. 사람들은 모든 일을 같은 방식으로 처리하려 하거나 일정표에 따라 기계적으로 움직이지만, 사실 일의 성과는 '시간'보다 '에너지'에 더 크게 좌우되기도 합니다.

우리는 하루 중 에너지의 흐름이 일정하게 유지되지 않습니다. 어떤 사람은 아침에 머리가 맑고 집중력이 최고조에 이르고, 어떤 사람은 밤이 되어야 비로소 생각이 정리되고 창의성이 살아나기도 합니다. 그래서 자신의 에너지 리듬을 이해하고 그 흐름에 따라 일을 배치하는 것이 매우 중요합니다.

예를 들어 아침형 인간이라면 저녁 늦게까지 일하려 애쓰는 대신 일찍 잠자리에 들어 새벽에 일어나 조용한 시간에 가장 중요한 일을 처리해 보세요. 집중력을 필요로 하는 기획, 글쓰기, 전략 수립 같은 일은 바로 이 시간대에 배치하고, 오후처럼 에너지가 떨어지는 시간에는 단순 반복 업무나 회의처럼 비교적 덜 중요한 일을 넣는 것입니다.

조정은 '줄이기'가 아니라 '집중하기'입니다

우선순위를 정하라고 하면, 가장 먼저 떠올리는 것은 '무엇을 버릴 것인가?'일지도 모르겠습니다. 마치 효율적인 하루를 만들기 위해서 당장 포기해야 할 일을 정리해야만 할 것처럼 느끼기 때문이죠. 하지만 우선순위의 본질은 '버림'이 아니라 '어디에 집중할 것인가'를 정하고 선택하는 것입니다.

하루는 생각보다 훨씬 소중하고 제한된 자원입니다. 누구에게나 똑같이 주어지는 24시간이지만, 그 시간을 어떻게 쓰느냐에 따라 하루의 밀도와 삶의 방향이 완전히 달라집니다. 시간을 더 만들어 낼 수는 없지만, 시간을 '다르게' 쓰는 것은 가능합니다. 만족도가 높은 하루를 보내기 위해서는 소화할 수 있는 루틴과 할 일을 적절히 배치하는 게 필요합니다. 지금부터 우선순위 그래프를 그리고, 가볍게 실행할 수 있도록 선택과 집중을 해 보세요.

3부

2단계

최적화 :
성공률을 높이는
시크릿 도구

이 시대 일잘러와 삶잘러의 필수템 : 노션

지금까지 나에게 꼭 맞는 루틴을 만들어 보았고, 바로 실행해야 할 일도 정리했습니다. 여기까지 왔다면 당장 시작하고 싶은 마음으로 근질근질할 거예요. 그런데 잠깐! 바로 실행하기에 앞서 루틴이 지속될 수 있도록 성공률을 높여 주는 강력한 도구를 소개하려고 합니다. 루틴 실행을 위해 사용할 수 있는 도구가 있고 나의 목표 달성을 도와준다면 사용하지 않을 이유가 없습니다.

저는 수년 동안 여러 생산성 도구를 사용해 보면서 저에게 맞는 도구를 찾아가는 과정을 거쳐 왔습니다. 여러 도구를 써 보면서 복잡하지 않고 간결하면서도, 기능만큼은 강력한 도구로 정착했고 최종적으로 선정된 도구입니다. 노션, 구글 캘린더, 스케줄러, 타임타이머, 공간 활용법을 차례대로 알아보겠습니다.

상황과 목적에 맞게 필요한 도구는 다를 수 있습니다. 제가 사회 초년생일 때는 아직 노션이 나오지 않았고, 그 당시에 읽은 책 후기, 목표 및 계획, 일기 등 각종 기록은 마이크로소프트에서 나온 원노트(OneNote)를 사용했습니다. 제가 직접 만드는 카테고리별로 노트를 나눌 수 있었고(분류 기능 탁월) 기능이 아주 단순했지만, 오히려 직관적이라서 마음에 들었던 전자노트 프로그램이었습니다. 게다가 완전 무료인 점도 마음에 들었습니다. 꽤 오랫동안 원노트를 써 왔는데 노션을 알게 되면서 지금은 주로 노션을 사용하고 있지만, 병행해서 사용하기에도 좋은 전자노트라 생각합니다.

그리고 아이패드를 구매하면서 굿노트(Goodnote)라는 앱도 사용했는데, 다른 전자노트와 비교해서 큰 차이점은 펜슬을 이용해 손글씨로 기록을 한다는 점입니다. 텍스트화된 데이터베이스를 체계적으로 쌓기보다는 손글씨로 더 필요한 순간에 사용하기 좋습니다. 예를 들어서 회의할 때 빠르게 손글씨로 쓰거나 머릿속이 복잡해서 마인드맵을 활용해 아이디어를 끄적거릴 때와 같은 상황에 제격이죠. 시간이 지날수록 프로그램 자체도 고도화 중인데 AI를 활용한 번역, 요약하기 등 다양한 기능을 제공하고 있어서 잘 활용하면 생산성을 획기적으로 높일 수 있습니다.

노션은
무엇인가요

이름도 생소했던 '노션(Notion)'이 어느새 주변 사람들 입에서 자연스럽게 오르내리기 시작했습니다. 유튜브에서 '일잘러의 노션 세팅법', '노션으로 루틴 관리하는 법' 같은 영상이 쏟아지고, 인스타그램에서는 '#노션템플릿'이라는 해시태그가 주기적으로 트렌드에 오릅니다. 처음엔 단순히 '디지털 노트인가?' 싶었던 이 도구는 이제 자기관리, 업무 관리, 시간 관리의 대표 도구로 자리 잡았습니다.

왜 많은 사람이 노션에 열광하는 걸까요? 그리고 노션은 도대체 어떤 도구일까요? 저는 노션이 생긴 초창기 때부터 사용해 왔고, 지금은 사람들에게 필요한 템플릿(업무 관리, 다이어트, 주식기록 등)을 제작해 판매할 정도로 제 생활에서 빼놓을 수 없습니다. 처음 노션을 쓰자마자 다른 도구와 다른 특별한 장점을 알아보았고, 기존에 사용하던 도구에서 서서히 노션으로 옮겨 가 사용하게 되었습니다.

노션은 메모, 일정 관리, 데이터 정리, 프로젝트 계획, 협업 등 다양한 기능을 하나의 플랫폼에서 제공하는 '올인원 디지털 도구'입니다. 쉽게 말하면, 다이어리, 캘린더, 엑셀, 워드, 포스트잇 등을 하나의 앱에 통합시켜 놓은 것이라고 보면 됩니다.

노션의 가장 큰 특징은 '커스터마이징(맞춤 설정)'입니다. 페이지를 자유롭게 만들고, 원하는 만큼 섹션을 나누고, 위계 구조를 잡아 리스트나 데이터베이스 형태로 정보를 정리할 수 있습니다. 마치 레고처럼 원하는 대로 블록을 쌓듯이 만들 수 있는 거죠. 시스템과 체계에 목말라 있던 저에게는 이보다 좋은 도구는 없었습니다. 그러다 보니 업무 용도로 쓰기도 하지만 개인적인 삶의 영역에서도 일기장, 가계부 등 여러 용도로 사용하고 있습니다.

노션으로 루틴 트래커 만들기

노션을 처음 써 보는 사람에게는 '노션이 좋다는 건 알겠는데 이걸 도대체 어떻게 써야 할까?' '그래서 루틴을 실행하는데 어떻게 도움이 된다는 거지?' 하는 막막함이 생길 수 있습니다. 하지만 걱정하지 마세요. 지금부터 노션을 시작하는 방법부터 간단한 루틴 관리용 습관 트래커 만드는 방법까지 단계별로 알아볼게요.

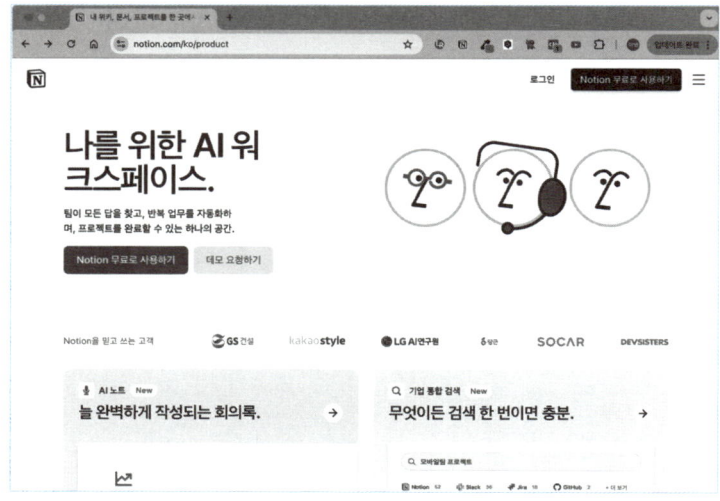

→ 노션 홈페이지

Step 1. 노션 시작하기 (회원가입 & 접속)

1. 브라우저를 열고 노션 홈페이지(https://www.notion.so)로 이동하세요.
2. 오른쪽 상단의 [**Notion 무료로 사용하기**]를 클릭합니다.
3. 구글이나 애플 계정으로 가입하거나 직접 입력해서 가입합니다.
4. 가입 후에는 자동으로 노션의 첫 화면으로 이동합니다.

TIP. 앱스토어나 구글플레이에서 노션 앱을 설치하면 PC와 모바일을 연동해 언제 어디서든 확인할 수 있습니다. 다만 처음 시작할 때 큰 화면에서 세팅하는 것이 보기 편하여서 PC에서 노션을 설치하여 세팅하는 것을 추천합니다.

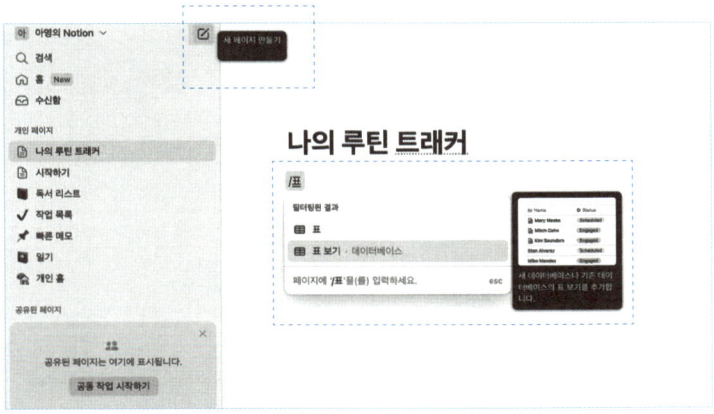

→ 노션에서 '나의 루틴 트래커' 페이지 생성 후 [표] 데이터베이스 생성하기

Step 2. 새 페이지 만들기

1. 왼쪽 사이드바에서 **[새 페이지 만들기]**를 클릭하여 새로운 페이지를 생성합니다.
2. 페이지 이름은 '나의 루틴 트래커'라고 입력합니다.
3. 빈 페이지가 열리면, 화면 중앙에서 키보드의 **/**를 누르고 **[표 보기]** > **[데이터베이스]**를 선택합니다. 표 형태로 루틴을 기록할 수 있는 기본 틀이 만들어집니다.

→ 나의 루틴 트래커에 속성 추가하기

Step 3. 습관 트래커 구조 만들기

1. 첫 번째 열은 기본으로 생성된 '이름'열이에요. 클릭한 후 속성 이름을 '하루 메모'로 바꾸세요.

2. 표의 [+]를 클릭하여 속성 추가를 하고 [**날짜**] 속성을 추가해 주세요.

3. 그다음 열부터는 [**체크박스**] 속성을 추가하고 이름에 원하는 루틴 항목을 입력해 주세요.

나의 루틴 트래커

Aa 하루 메모	📅 날짜	☑ 아침 6시 기상	☑ 공복 유산소 30분
오늘은 잘 지켜진 날!😊	2025년 5월 20일	✅	☐

→ 트래커에 루틴 기록하기

Step 4. 트래커에 루틴 기록하기

1. 매일 새로운 행(Row)을 추가해 날짜를 입력합니다.

2. 그날 루틴을 수행했으면 해당 항목의 체크박스를 클릭해 체크합니다.

3. 하루가 끝난 후에는 메모 칸에 느낀 점이나 내일의 계획 등을 자유롭게 적어 보세요.

TIP. 매주 금요일, 트래커를 보며 한 주를 돌아보는 '루틴 회고 시간'을 가져 보세요. 잘 지킨 루틴, 놓친 이유, 다음 주의 전략 등을 정리하면 나만의 루틴 시스템이 점점 단단해집니다.

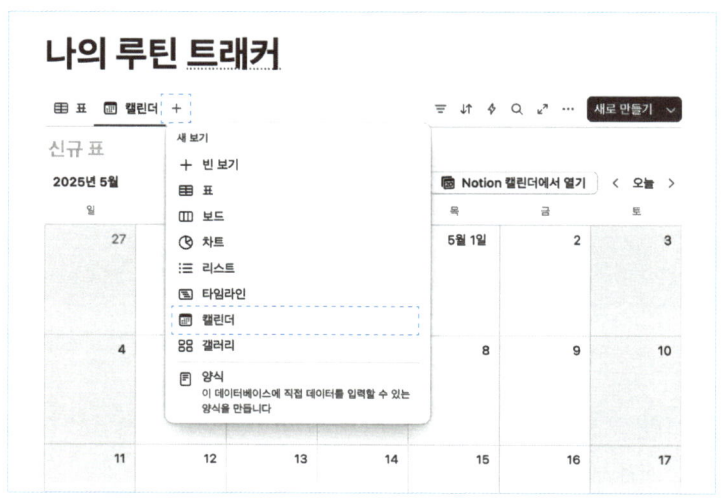

→ 캘린더 보기방식 추가하기

Step 5. 보기 쉽게 정리하기

1. 노션의 강점은 '보기 편한 형태'로 데이터를 바꿀 수 있다는 점이에요.
2. 데이터베이스 오른쪽 상단의 [+] > [캘린더]를 선택하면 날짜별 루틴을 달력 형태로 확인할 수 있어요.

처음 노션을 접해 본다면 생소한 도구 사용에 어려움을 느낄 수 있습니다. 저 또한 도구에 익숙해지고 자유자재로 활용하기까지 시간이 걸렸지만, 한번 길을 들여놓고 보니 업무와 일상에 큰 구멍이 생길 정도로 제 생활의 필수 도구가 되었습니다.

물론 첫 사용에 어색함을 느낄 수도 있어요. 그래도 이것저것 눌러보고 만져 보며 실생활에 활용해 보면 금방 적응할 수 있을 거예요. 명심하세요! 도구를 활용해서 성공률을 높일 수 있다면 안 쓰는 게 손해라는 점을!

초보자라면 처음부터 직접 만들기보다 잘 짜인 노션 템플릿을 사용하는 것도 방법입니다. 제가 만든 '인생 루틴 키트' 노션 템플릿은 소어 시스템에 맞춰 체계적으로 나에게 맞는 루틴을 만들 수 있고, 루틴 트래커로 매일 체크해 볼 수 있습니다. 단순히 '기록'만 하는 게 아니라 꾸준히 실행할 수 있도록 설계한 구조입니다. 노말이 홈페이지(https://normali.works)에서 확인할 수 있어요.

2
일론 머스크도 쓰는 기술: 구글 캘린더

전 세계에서 가장 바쁜 CEO 중 한 명으로 꼽히는 일론 머스크는 테슬라와 스페이스X를 동시에 이끌며 하루 일정을 5분 단위로 쪼개어 관리한다고 알려져 있습니다. 상상해 보세요. 수많은 회의, 제품 검토, 전략 회의, 기술적 의사결정을 동시에 책임져야 하는 그의 삶에서 시간은 곧 성과와 직결되는 자원입니다. 그래서 그는 하루라는 제한된 시간 속에서 최대한 많은 일을 처리하기 위해 '타임 블로킹(Time Blocking)'이라는 강력한 시간 관리 기법을 활용합니다.

타임 블로킹은 단순히 해야 할 일을 할 일 목록에 적는 것에서 그치지 않고, 각 업무를 정확한 시간대에 배치하여 캘린더에

‘블록'처럼 할당하는 방식입니다. 예를 들어 '운동하기'라는 루틴을 막연하게 적는 것이 아니라 '오전 7시부터 7시 30분까지 운동'이라고 시간 단위로 명확히 정해 두는 것입니다. 각 활동이 하루 일정에 구체적으로 자리 잡게 되면, 머릿속의 '언제 할까'에 대한 부담은 줄어들고 실행력은 자연스럽게 높아집니다.

일론 머스크처럼 극도로 분주한 삶을 사는 사람조차도 이 방식으로 하루를 정리해 낸다는 것은 큰 힌트를 줍니다. 해야 할 일은 끝없이 쏟아지지만, 그것을 언제 할 것인지 결정하는 것만으로도 삶은 훨씬 간결하고 실행 중심으로 바뀔 수 있다는 사실 말이죠. 하루가 너무 복잡하고 정신없게 느껴질 때, 가장 먼저 해야 할 일은 머릿속 계획을 '시간 속으로' 끌어내는 것입니다. 타임 블로킹은 단순한 스케줄링을 넘어 나의 시간을 주도적으로 설계하는 힘을 길러 줍니다.

저는 타임 블로킹 기술을 놀랍게도 대학생 때부터 10년 넘게 써 왔습니다. 대학생 때는 불렛저널을 활용했는데, 모눈종이에 나만의 심볼을 만들어서 다이어리를 작성하는 방법으로 일정을 관리했습니다. 세로로 시간을 쭉 쓰고 각 시간에 해야 하는 고정된 일(수업, 공강 시간에 할 일, 스터디 모임 등)을 써서 체크해 나갔습니다. 지금은 구글 캘린더와 노션 캘린더 등 디지털 캘린더로 대체했지만, 어떤 도구를 사용하든지 타임 블록 기술은 시간을 한눈에 파악하고 효율적으로 쓰기에 정말 좋은 기술이라 생각합니다.

일론 머스크의 시간 관리 비결 :
타임 블로킹의 핵심 원리

해야 할 일에 집중하고 결국 끝낼 수 있게 만들어 주는 타임 블로킹의 핵심 원리는 네 가지로 정리될 수 있습니다.

1. 우선순위를 시각화할 수 있다
어떤 일에 얼마나 시간을 쓰고 있는지 한눈에 파악할 수 있습니다.

2. 멀티태스킹을 방지한다
하나의 블록에는 하나의 업무만 배정되므로 집중할 수 있게 만듭니다.

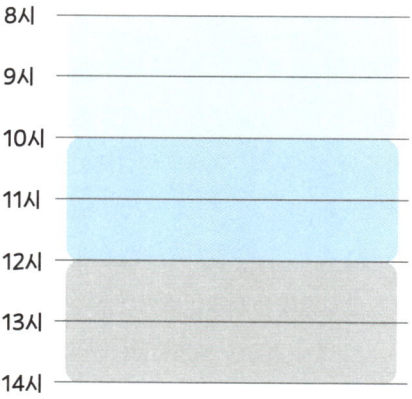

→ 타임 블록 기술

3. 일정을 통제하는 느낌을 준다

수동적으로 끌려가는 삶이 아니라 내가 시간을 주도하는 삶을 살 수 있습니다.

4. 루틴을 자동화하는 발판이 된다

일정한 시간에 반복되는 블록을 만들면 습관을 쉽게 길들일 수 있습니다.

이 기법을 실현하는 가장 간편하면서도 강력한 도구 중 하나가 구글 캘린더(Google Calendar)입니다. 단순한 일정 앱이라고 생각하기엔 아까운 이 도구는, 시간이라는 자원을 체계적으로 관리하고 루틴을 실천할 수 있게 해 주는 디지털 루틴 매니저라고도 할 수 있습니다.

왜 구글 캘린더인가

수많은 캘린더 앱이나 매년 회사나 은행에서 나눠 주는 탁상용 캘린더를 모두 제치고, 저는 왜 구글 캘린더에 정착하게 되었을까요?

1. 어디서든 접근이 가능한 자유로움과 호환성

PC, 태블릿, 스마트폰 어디서든 동기화되어 사용할 수 있습니다. 요즘

에는 PC도 회사용, 개인용으로 따로 나눠서 사용하고, 개인이 소지하고 있는 기기의 종류도 다양하고 많아졌습니다. 그러다 보니 어느 기기를 쓰든 실시간 동기화 기능이 필수가 되었습니다. 구글 캘린더는 언제 어디서 어떤 기기를 사용하든지 간에 동기화된 일정을 볼 수 있다는 점에서 편리합니다. 그리고 다른 구글 서비스(지메일, 미트, 드라이브 등)와의 연동이 뛰어나서, 온라인 회의 일정을 공유하거나 다른 사용자를 캘린더에 추가하는 등 기능성 면에서도 뛰어납니다.

2. 깔끔한 시각화와 쉬운 사용법

일정을 등록하고 이후 일정이 변경되어도 수정이 쉽습니다. 드래그 앤드 드롭으로 옮기려는 날짜로 일정을 편집할 수 있고, 캘린더를 색상별로 구분할 수 있어 직관적으로 일정을 분리할 수 있습니다. 예를 들어 개인 일정은 초록색, 회사 일정은 파란색으로 구분할 수 있고, 주간/월간 캘린더를 보았을 때 한눈에 어떤 일정이 있는지 볼 수 있습니다.

3. 타임 블로킹에 최적화된 도구

구글 캘린더는 시간을 '블록' 단위로 나눠 배치할 수 있어서 타임 블로킹 기술이 그대로 들어가 있습니다. 또한 반복되는 일정은 설정을 통해 매번 등록하지 않아도 일괄 등록이 가능하고, 알림 기능이 있어 루틴 시작 전에 알림을 띄워서 잊지 않고 실행할 수 있도록 도와줍니다.

구글 캘린더로
루틴 만들기

→ 구글 캘린더 설정하기

Step 1. 구글 캘린더 가입 & 접속하기

1. 웹 브라우저에서 Calendar.google.com에 접속한 후 구글 계정으로 로그인합니다.
2. 스마트폰에서는 구글 캘린더 앱을 설치하면 언제 어디서든 사용할 수 있습니다.

Step 2. 기본 인터페이스 이해하기

1. 좌측 메뉴에는 캘린더 목록이 있고, 중앙에는 일/주/월 단위로 일정이 표시됩니다.
2. 상단의 [+] 또는 원하는 시간대를 클릭하면 새 일정을 추가할 수 있습니다.
3. 캘린더를 추가하거나 공유, 상세 설정을 위해서는 상단의 **[톱니바퀴]**를 클릭하여 **[설정]**을 선택해 보세요.

Step 3. 타임 블로킹 예시 만들기

아침 루틴을 타임 블로킹 방식으로 적용해 볼까요? 각 시간을 클릭해서 새 일정을 만들고 '반복→매일'로 설정하면 하루의 시작 루틴이 자동으로 고정됩니다.

시간	내용	반복 설정
06:30 - 07:00	기상 및 준비	매일
07:00 - 07:30	운동	매일
07:30 - 08:00	명상 및 독서	매일

루틴은 단순히 '하고 싶다'라는 마음만으로는 유지되지 않습니다. 작심삼일이 되기 쉬운 이유가 바로 여기에 있습니다. 의욕은 금세 식지만, 구조는 오래갑니다. 결국 실천할 수 있는 루틴이 되기 위해서는 '언제, 어떻게 할 것인지'에 대한 명확한 구

나만의 타임 블로킹 루틴 만드는 3단계

Step 1. 루틴 후보 정리하기

1. 내가 반복하고 싶은 행동을 목록으로 적어 봅니다. 앞에서 살펴본 1단계 구조화를 통해 선별된 루틴 목록을 확인하세요.
   ▶ 아침 7시 기상 후 스트레칭하기, 퇴근 후 책상 앞에 앉아서 콘텐츠 만들기, 9시에 강아지랑 산책하기 등

Step 2. 일정에 블로킹하기

1. 구글 캘린더에 '시간 블록'으로 하나씩 넣어 봅니다.
2. 루틴의 성격에 따라 블록 색상을 다르게 지정하면 시각적으로 더 명확해져요.

Step 3. 실행과 조정 반복하기

1. 처음부터 완벽하게 만들 순 없습니다. 일주일 정도 실천해 보고 회고의 시간을 통해 조정합니다.
2. 타이트한 구간은 시간을 넓히고 불필요한 루틴은 제거하는 등 캘린더에서 조정해 주세요.

조가 필요하고, 그 구조를 만드는 데 가장 효과적인 방식이 타임 블로킹입니다.

루틴을 기록하는 순간, 비로소 실현 가능해집니다. 오늘 하루는 그냥 흘려보내지 말고, 구글 캘린더에서 나만의 시간을 타임 블로킹으로 설계해 보세요. 나의 하루는 더이상 우연이 아니라 구조화된 루틴 안에서 실현되는 '당연한 성과'가 될 수 있습니다.

③ 생산성을 높이는 스케줄러 쓰는 법

지금까지 소개한 노션, 구글 캘린더 등은 모두 디지털 도구입니다. 클릭 한 번으로 하루의 일정을 입력하고, 알림을 설정하고, 동기화까지 가능하다 보니 기능상으로는 아날로그 노트를 더 이상 찾을 필요가 없는 것처럼 보입니다. 하지만 여전히 많은 사람이 아날로그 노트를 찾고 있습니다. 디지털 시대에도 손으로 기록하는 이유는, 디지털은 '효율'적이지만 아날로그는 '몰입'에 좋기 때문입니다.

손으로 글을 쓰는 행위는 단순한 기록이 아니라 '정리'입니다. 머릿속에 둥둥 떠다니는 생각을 구체적인 단어로 정리하면서 자연스럽게 사고가 정돈됩니다. 스케줄러에 오늘의 할 일을 저는 디지털 도구를 잘 사용하고 있지만, 그럼에도 가방 한쪽에는 한 손에 들어오는 조그만 노트를 항상 가지고 다닙니다. 그리고 출근하면 책상 위에 노트를 바로 꺼내 두죠. 필기는 어느 순간에 필요할지 모르기 때문에 언제나 준비된 상태여야만 합니다. 그래서 한 손에 들어오는 크기가 딱 알맞고, 매일 가지고 다녀도 변형이 심하지 않도록 표지와 종이의 질이 좋아야 하죠. 여러 노트를 거치다 보면 자신만의 노트 철학을 가지며 정착하게 되는 노트가 정해지는데, 아직도 새로 보는 감각적인 노트를 보면 눈이 머물게 됩니다. 디지털 세상에서도 지금까지 아날로그 영역에 눈이 가고 또 필요하다는 것은 참 다행인 것 같습니다.

직접 적다 보면, 단순한 '일정 나열'이 아니라 시간의 우선순위를 세우고 중요한 일을 구분하여, 사고 과정이 함께 따라옵니다. 무엇보다 손으로 계획을 쓰는 과정에서 뇌에 깊이 각인됩니다. 계획이 마음에 새겨지면 실행력은 훨씬 높아집니다.

매일 가지고 다니는 스케줄러

디지털 도구와 함께 사용하는 스케줄러는 분명 매일 가지고 다닐 수 있고, 필요할 때 적재적소에 꺼내 쓸 수 있어야 합니다.

그러다 보니 작은 가방에도 쏙 들어갈 수 있고 또 한 손에 잡힐 수 있는 크기로, 무게도 가벼워서 가지고 다니는데 부담이 없어야 합니다. 어떤 노트든 상관은 없고 심지어 포스트잇으로 대체해도 무방하지만, 쓰다 보니 마음에 들었던 스케줄러를 소개합니다.

- **몰스킨 클래식 노트 스퀘어드(모눈지) 포켓 :** 클래식하고 간결한 디자인의 노트로 잘 알려진 몰스킨 브랜드의 제품입니다. 하드 커버와 소프트 커버로 나누어져 있는데, 개인적으로 모양을 잡아 주는 하드 커버를 선호합니다. 뒤쪽에는 작은 포켓이 있어서 영수증, 명함, 스티커 등을 넣기에 좋고, 북마크 끈도 달려 있어서 은근히 활용도가 높습니다.
- **스타로지(Stalogy) 에디터스 노트 A6 :** 몇 년간 잘 쓰고 있는 제품인데, 검은색 표지에 소프트 커버라 부드럽습니다. 종이가 얇은 데도 비침이 거의 없는 좋은 종이 품질을 가졌습니다. 로고도 없어서 군더더기 없는 디자인이 마음에 듭니다.
- **미도리 MD Paper 노트북 A6 :** 일본산 종이의 부드러운 필기감이 특징입니다. 특히나 만년필에도 잘 어울려서 글씨 쓰는 맛이 최고인 종이이고, 표지는 아주 단순한 크래프트지 커버입니다.

불렛저널
간단 버전으로 시작하자

불렛저널(Bullet Journal)은 아날로그 기록의 장점을 극대화한 대표적인 방식입니다. 뉴욕의 디자이너 라이더 캐럴(Ryder Carroll)이 개발한 이 방식은, 전 세계 수많은 사람에게 '기록하는 습관'을 선물하며 하나의 문화처럼 퍼져 나갔습니다. 하지만 처음 접하는 사람에게는 오히려 그 구조가 복잡하게 느껴질 수 있습니다. 인덱스, 데일리 로그, 심볼 등 익혀야 할 개념이 많다 보니 몇 장 써 보다 포기하는 경우도 흔합니다.

그래서 저는 복잡한 원칙 없이 가볍게 시작할 수 있는 불렛저널의 간편 버전을 소개하려 합니다. 디지털 생산성 앱을 꾸준히 써 온 사람이라도, 때때로 종이에 직접 쓰며 하루를 설계해 보고 싶은 날이 있을 수 있습니다. 혹은 루틴을 명확히 시각화하고 싶은 날, 집중력을 되찾고 싶은 날에도 이 방식은 아주 효과적입니다.

불렛저널 간편 버전의 핵심은 단순한 구조와 명확한 마감입니다. 모눈종이 노트를 펼치고 하루를 아침, 오후, 저녁 세 타임으로 나누어 봅니다. 각 시간대에 집중할 루틴이나 해야 할 일을 한두 가지 정도 적어 보세요. 중요한 원칙은 타스크(Task)의 개수는 다섯 개를 넘기지 않는 것입니다.

하고 싶은 일은 많을지 몰라도, 루틴은 '가능한 만큼 꾸준히 하는 것'이 핵심입니다. 오히려 너무 많은 일을 적다 보면 부담감이 생기고 결국 실천이 무너질 수 있습니다.

예를 들어 불렛저널의 하루는 이렇게 시작될 수 있습니다.

> **오늘의 루틴 + 해야 할 일**
> **[아침]**
> ☐ 기상 후 헬스장 다녀오기
> ☐ 오전 중 기획안 보고하기
> **[오후]**
> ☐ 점심 먹고 산책하기
> **[저녁]**
> ☐ 30분 걷기
> ☐ 자기 전 독서 20분 하기

각 항목 앞에 체크박스는 '진행 상태'를 표시하는 장치입니다.

> ☐ 빈 사각형 박스 : 아직 하지 않은 일
> ☑ 체크한 사각형 박스 : 완료한 일
> ⊟ 가로선이 그어진 사각형 박스 : 생략하거나 보류한 일

이 작은 표식이 하루를 평가하는 척도가 되고, 자연스럽게 나를 돌아보는 일기로 이어집니다. 하루가 끝났을 때 체크박스가 채워진 것을 보면 '오늘도 잘 살아냈구나'라는 조용한 성취감이 마음을 채워 주죠. 이렇게 단순한 양식만으로도 하루의 완성도가 놀라울 만큼 높아집니다.

루틴 만들기의
기록 구성

스케줄러는 단순히 일정을 적는 도구가 아닙니다. 루틴을 형성하고 습관을 강화하여 내가 원하는 삶을 만들어가기 위한 기반이죠. 루틴을 위해 불렛저널에 다음 항목을 함께 구성하면 효과가 높아집니다.

1. 먼슬리&위클리 투두 리스트(Monthly To-do List, Weekly To-do List)

새로운 한 달이 시작되는 시점이나 한 주가 시작되는 시점에 먼슬리 투두 리스트와 위클리 투두 리스트를 적습니다. 이때 프로젝트 단위, 라이프 단위 등 카테고리를 구분해서 투두 리스트를 적으면 훨씬 더 깔끔하게 정리할 수 있습니다. 연관성 없이 나열된 투두 리스트는 머릿속에 우선순위를 만들어 주지 못합니다. 꼭 카테고리를 구분해 보세요!

2. 하루 루틴 구성 칸

매일 불렛저널 간단 버전으로 투두 리스트를 적습니다. 이때도 마찬가지로 아침, 오후, 저녁 등 시간대별로 구분하거나 업무 시간, 운동 시간 등 할 일 성격으로 정리해서 카테고리를 구분해서 사용하는 게 중요합니다.

반복되는 하루의 '패턴'을 눈에 보이게 적어 두면, 뇌는 점점 그 시간에 맞춰 움직이기 시작합니다.

- 기상 시간, 아침 루틴
- 집중 업무 시간
- 운동, 휴식 시간
- 자기 전 정리 루틴

3. 루틴 체크박스

매일 반복하고 싶은 루틴을 표로 만들고 달성 여부를 체크합니다. 이때 가로축의 표에 '요일'을 써야 직관적으로 확인하기 좋습니다. 보이는 루틴은 지켜지는 루틴입니다. 손으로 직접 체크하며 매일 작은 성공의 기록을 남겨 보세요.

루틴	월	화	수	목	금	토	일
물 2L 마시기							
독서 20분							
기상 후 스트레칭							

디지털은 빠르고 효율적이고, 아날로그는 느리지만 깊고 집중력을 줍니다. 이 둘은 경쟁 관계가 아니고 오히려 병행할 때 시너지 효과가 크게 나옵니다.

예를 들어 큰 일정은 구글 캘린더에 넣고, 노션으로 프로젝트를 세부적으로 계획한 후에 스케줄러에는 매일 꼭 해야 할 일을 손으로 적고 체크를 합니다. 디지털이 '틀'을 잡아 주고, 아날로그가 '내면'을 잡아 주는 셈이죠. 처음에는 간단하게라도 써 보세요. 하루를 더 충실히 살고 싶은 마음만 있다면 하루 한 줄의 기록이 내일을 바꿀 수 있습니다.

집중력을 끌어올리는 직관적인 도구: 타임타이머

"딱 30분만 집중해 보자."

"50분 동안 이 문제만 풀어 보자."

하지만 실제로 얼마나 시간이 흘렀는지 감이 잘 오지 않습니다. 마음은 결심했는데, 시간이 보이지 않으니 자꾸 휴대폰을 들여다봅니다. 그러다 SNS나 메신저를 확인하기도 하고, '다 됐나?', '얼마나 남았지?' 하며 초조해지면서 오히려 집중력이 무너지는 경험, 한 번쯤 했을 겁니다.

바로 이 순간에 필요한 도구가 타임타이머(Time Timer)입니다. 타임타이머는 단순한 시계가 아닙니다. 이 도구의 핵심은 '시간이 눈에 보인다'는 데 있습니다. 눈에 보이는 만큼, 집중할 수 있는 시간도 구체적으로 실감할 수 있게 되는 것이죠. 빨간색 원판이 점점 줄어들면서 남은 시간을 시각적으로 보여 주는 이 기계는, '시간 감각'을 눈앞에 꺼내 보여 주는 작은 도구이자 강력한 집중력 도우미입니다.

'보이는 시간'은 단지 시간을 인식하는 데 그치지 않습니다. 그것은 곧 집중력의 촉진제이고, 행동을 유도하는 자극이 됩

저는 회사에서 일할 때 이 도구의 필요성을 절실히 느꼈습니다. 보고서를 쓰다 보면 늘 예상보다 시간이 오래 걸렸는데, 원인은 언제나 같은 패턴이었습니다. 작성 중간에 다른 팀원이 "이거 잠깐만 봐 줘요" 하고 다가오면 그 일을 먼저 처리했고, 컴퓨터 모니터 구석에서 메신저 알림이 깜박이면, 그것도 확인하느라 본래 하던 일을 놓치기 일쑤였습니다. 그런 몇 번의 방해가 반복되면, 결국 내가 집중해야 했던 본래의 일은 밀려났고, 결국 또 야근의 연속이었습니다. 이런 날이 반복되자 "내가 왜 이렇게 집중을 못하지?", "방법이 없을까?"를 고민하게 되었습니다. 그러다 우연히 타임타이머라는 도구를 알게 되었고, 그날부터 제 일하는 방식이 조금씩 달라지기 시작했습니다. 눈앞에 놓인 타임타이머가 "지금은 이 일에만 집중할 시간"이라고 말해 주는 듯했고, 빨간색으로 표시된 남은 시간을 지켜보면서 저도 모르게 흐트러진 시선을 다시 일에 고정할 수 있었습니다. 흘러가는 시간이 아닌 줄어드는 시간을 보며 작업을 하니 긴장감은 유지되었고, 정해진 시간 안에 끝내야겠다는 집중력도 훨씬 높아졌습니다.

니다. 그래서 지금도 루틴을 설계할 때 타임타이머를 함께 사용합니다. 단순한 알람 시계보다 훨씬 효과적이며 특히 공부나 작업처럼 일정한 시간 동안 몰입이 필요한 일을 할 때 매우 유용합니다.

구글에서 사용해서 유명해진 타임타이머

타임타이머는 시간이 줄어드는 과정을 시각화해 주는 타이머입니다. 구글에서 쓴다고 해서 유명해진 이 아이템은 굉장히 단순하게 생겼지만 기능은 직관적입니다. 원형 또는 정사각형 형태로의 타이머로, 사용자가 설정한 시간만큼 붉은색(또는 다른 색) 면적이 표시되고 시간이 흐를수록 이 면적은 줄어듭니다. 마치 모래시계의 모래가 떨어지면서 남은 시간을 시각적으로 보여 주는 것처럼 지나간 시간과 남은 시간을 직관적으로 파악할 수 있는 구조입니다. 이 도구는 특히 다음과 같은 사람들에게 효과적입니다.

- 시간을 체감하기 어려운 사람
- 주의력이 쉽게 분산되는 ADHD 성향의 사람
- 몰입을 연습하는 사람
- 공부/업무 시간을 정해 놓고 집중하고 싶은 사람

타임타이머의 효과

어떤 일을 시작하기 전에 굳이 타임타이머를 세팅하는 노력을 들이는 데는 그만한 이유가 있습니다.

1. 시각적 집중 유도를 잘한다

일반 타이머는 숫자나 알람으로 시간을 알려 주지만, 타임타이머는 눈으로 보며 집중할 수 있습니다. 남은 시간이 줄어드는 모습을 보면서 뇌는 자연스럽게 '지금 집중해야 할 시간'이라는 신호를 받게 되죠.

2. 몰입 시간 연습에 효과적이다

'딥워크'나 '뽀모도로 기법'을 연습할 때 타임타이머는 최고의 도구입니다. 특히 '25분 집중 + 5분 휴식' 방식에 익숙하지 않다면, 25분 동안 붉은색 영역을 보며 몰입하는 연습이 집중력 강화를 돕습니다.

3. 초조함이 감소한다

50분 동안 기출문제 풀기 등 어떤 시간 안에 하기로 정해 놓고 일할 때, 중간에 시간이 얼마나 남았는지 모르면 불안할 수 있습니다. 하지만 타임타이머는 실시간으로 남은 시간이 눈에 보여서 심리적 안정감을 빠르게 주기 때문에 일에 집중할 수 있게 만들어 줍니다.

4. 다른 사람과 함께 쓸 때도 효과적이다

회사에서 타임타이머를 맞춰 두고 회의를 시작하면 정해진 시간 동안 회의를 끝내야 한다는 일종의 약속이 참여자 간에 생기게 되어 회의가 늘어지지 않고, 필요한 것만 타이트하게 전달하여 끝낼 수 있습니다. 회의실 중앙에 타이머를 모두가 보이게끔 세팅해 두면 참여자 모두의 집중력을 끌어올릴 수 있습니다.

타임타이머는
어떻게 사용해야 할까

타임타이머를 사용하는 방법은 아주 단순합니다.

---

1. 타임타이머를 꺼낸다(실물 또는 웹/앱 모두 사용 가능).
2. 타스크의 종류에 따라 원하는 시간을 설정한다.
3. 타이머를 눈에 잘 보이는 곳에 둔다.
4. 집중하고 싶은 작업에 몰입한다.
5. 붉은색 영역이 사라지면 집중을 종료하고 휴식을 취한다.

실물 타임타이머는 알람 소리를 끌 수 있어서 독서실 같은 조용한 환경에서도 사용할 수 있습니다. 타이머 설정을 할 때는 작업에 걸리는 시간을 가늠하는 것도 중요한데, 오래 걸리는 작업이라면 한 시간에 한 번씩 끊어가는 시간을 갖는 것으

로 설정해서 여러 개의 타임 설정으로 진행하는 방법을 택할 수 있습니다. 그리고 이렇게 시간을 사용하는 것에 대해 일지를 기록해 두면, 이후에는 내가 어떤 작업에 얼마나 시간을 쓰는 지도 객관적으로 확인할 수 있습니다. 또 이후 작업에 대해서도 얼마나 걸릴지를 가늠할 수 있게 만듭니다.

타임타이머는 어디서 구할 수 있을까

타임타이머 실물을 구매하고 싶다면 다음과 같은 방법으로 구매할 수 있습니다.

- **해외 직구** : 타임타이머(TimeTimer.com) 정품인 해외 직구 사이트에서 구할 수 있습니다.
- **온라인 쇼핑몰** : '타임타이머'로 검색하면 다양한 크기와 디자인으로 구매할 수 있습니다.

무료로 사용할 수 있는 온라인 타임타이머도 있습니다.

웹사이트 버전
- 비주얼타이머(VisualTimer.com) : 붉은색 면이 줄어드는 시각적 타이머를 제공합니다.

- **온라인 스톱워치(Online-Stopwatch.com) :** 여러 색상과 모양의 타이머 선택이 가능합니다.
- **타임타이머(Time Timer) 앱 :** 공식 앱으로 유료 버전과 무료 라이트 버전이 있습니다.

모바일 앱 버전
- **플로커스(Flocus) :** 감성적인 디자인과 타임 블로킹과 집중 타이머 기능이 있습니다.
- **포레스트(Forest) :** 타이머를 켜고 집중하면 나무가 자라는 방식의 게임형 집중 도구입니다.

루틴을 만들고 유지하는 데 가장 중요한 것은 시간을 의식하는 능력입니다. 타임타이머는 '시간 감각'을 몸으로 체화하게 도와주는 도구입니다. 루틴을 만들고 싶은데 자꾸 흐트러진다거나 할 일을 미루다 보니 시간이 훅 지나가 버린다면, 아마도 시간 감각이 부족해서 그런 것일 수 있습니다. 타임타이머를 사용해 보면 집중력과 몰입력을 최대로 끌어올릴 수 있으니 이 멋진 도구를 꼭 사용해 보세요.

할 수밖에 없는 환경에 '나'를 넣기

"이번 주부터는 아침 6시에 일어나 운동해야지."
"퇴근 후에는 꼭 영어 공부해야지."
"매일 30분 책 읽기 실천해야지."

야심 차게 계획을 세우고 첫날은 어찌어찌해 냈지만, 이틀째부터는 침대가 너무 포근하고, 갑자기 회식이 잡히고, 스마트폰이 손에 먼저 잡히면서 하려던 목표를 미루게 됩니다. 결국 다짐은 며칠을 넘기지 못하고 무너지게 되죠.

습관을 지속하지 못한 게 단순히 내 의지력 탓이라고 자책하지 말고 환경을 의심해 보세요. 혹시 나쁜 습관을 할 수밖에 없는 환경에 나를 내던지고 있지는 않나요? 좋은 습관을 실행하기 어렵게 장애물을 치우지 않고 있나요? 루틴 실행의 열쇠는 '의지'가 아니라 '환경'에 있습니다.

 루틴을 실행할 수밖에 없는 환경에 나를 던져 넣는 것은 어떤 도구를 활용하는 것보다도 효과가 강력합니다. 그래서 저는 어떤 루틴을 실행하겠다고 계획을 세우면, 그다음 바로 하는 일이 환경 세팅입니다. 환경을 만들고 하고자 하는 의지가 아주 조금만 있다면, 툭 건들기만 해도 바로 실행이 가능해집니다.

환경은 생각보다 강력하다

 무언가를 하겠다는 의지를 꺼내기 전에 몸은 이미 환경에 반응하고 있습니다.

> - 침대 머리맡에 스마트폰이 있으면? → 눈 뜨자마자 SNS 확인하기
> - 책상 위에 과자가 있으면? → 생각 없이 집어 먹기
> - TV 옆에 리모컨이 있으면? → 그대로 세 시간 동안 넷플릭스 보기

 루틴은 '내가 얼마나 하고 싶은가'보다 '그 행동을 쉽게 할 수 있느냐'에 따라 성공률이 결정됩니다. 의지는 환경을 이기지 못합니다. 이러한 환경 세팅은 크게 두 가지로 나눌 수 있습니다.

 첫 번째, 해야 할 것은 잘 보이게 하는 방법과 두 번째는, 하

지 말아야 할 것은 보이지 않게 숨기는 방법입니다.

좋은 습관 환경 세팅 :
해야 할 것은 '잘 보이게'

'보여 줄 것'을 보이도록 '어떤 행동'을 한다.

가장 효과적인 환경 설계는 내가 해야 할 일을 시각적으로 도드라지게 만드는 것입니다. 눈에 보이는 것이 곧 행동을 유도하기 때문이죠.

루틴 실행을 돕는 환경 세팅

· **운동 루틴**
– 전날 밤, 운동복과 운동화를 침대 옆에 미리 꺼내 두기 혹은 운동복을 입은 채로 자기
– 요가 매트를 바닥에 깔아둔 채로 두기(접어 두지 않기)

· **책 읽기 루틴**
– 책을 TV 리모컨 대신 눈에 띄는 테이블 위에 두기
– 읽을 책을 서재가 아닌 침대 옆이나 식탁 위에 올려 두기

· **글쓰기 루틴**
– 메모장 앱을 휴대폰 첫 화면 위젯으로 고정하기
– 글쓰기용 노트북은 항상 책상 위에 열린 상태로 두기

- **영어 공부 루틴**
  - 영어 회화 영상 재생 목록을 웹 브라우저 홈에 고정하기
  - 공부 앱 알림을 아침에 오도록 예약해 두기

어느 날 알고 지내는 동생과 같이 걷는 중에 동생이 진지하게 물었습니다.
"언니는 어떻게 회사에 다니면서도 그렇게 많은 일(유튜브, 사이드 프로젝트 등)을 하세요? 저는 퇴근하고 나서 집에 오면 딱히 한 것도 없이 시간이 다 지나 있더라고요."
퇴근 후 내가 뭘 하는지를 잠시 생각했습니다. 그리고 대답했어요.
"집에 가지 마세요."
동생이 그게 무슨 소리냐는 듯이 작은 실소를 터뜨렸습니다.
"저는 퇴근하고 바로 일하기 좋은 카페에 가요. 집에 들어가고 저녁을 먹으면 만사가 귀찮아져서 움직이기 싫어지더라구요. 그래도 카페에 가면 뭐라도 하게 되니까 해야 할 일이 있다면 집에 가지 않아요. 도서관도 집중하기에 괜찮은 장소 같아요."
동생은 그제야 이해했다는 듯이 끄덕거렸습니다. 그리고 약 한 달 뒤 그 동생을 다시 만나게 되었는데 반갑게 말했습니다.
"언니, 그때 언니가 말해 준 대로 퇴근 후에 집에 안 갔더니 사이드 프로젝트를 꾸준히 할 수 있게 되었어요. 인스타그램 계정을 키우는 중인데 요즘 조회수가 아주 잘 나와요!"
동생이 보여 준 콘텐츠 조회수는 100만이 훌쩍 넘어 있었습니다. 환경 세팅이 얼마나 중요한지 깨달았습니다.

작은 조정만으로도 뇌는 행동에 대한 힌트를 더 자주, 더 쉽게 받을 수 있고, 루틴을 반복하는 데 필요한 '결심 에너지'가 훨씬 줄어들게 됩니다. 내가 지속하고 싶은 루틴을 잘 보이게 하려면 어떤 환경을 조성해야 할지 생각해 보세요.

나쁜 습관 환경 세팅 :
하지 말아야 할 것은 '안 보이게'

'숨길 것'을 보이지 않도록 어떤 행동을 한다.

반대로 하지 말아야 할 행동은 시야에서 완벽히 제거하는 것이 좋습니다. 환경 세팅에는 제거도 포함되는데, 회피 전략이 곧 최고의 전략이 될 수 있습니다.

> **루틴을 방해하는 환경 제거**
>
> **· 스마트폰 유혹**
> - 알림은 모두 끄기, 앱 아이콘은 폴더 속으로 숨기기
> - 자기 전 스마트폰은 다른 방에 두기(물리적 거리 두기)
>
> **· 간식 중독**
> - 과자는 눈에 안 띄는 곳(높은 천장)에 보관하거나 완벽히 제거하기
> - 냉장고 자석에 '안 먹어도 다 아는 맛' 같은 메모 붙이기

- **넷플릭스 무한 시청**
  - TV 전원 코드 뽑아 두기 / 리모컨을 서랍 안에 넣기
  - 보상 개념으로 주말에만 시청 스케줄 정해 두기

- **침대에 눕자마자 스마트폰**
  - 눈 뜨면 바로 손 닿는 곳에 스마트폰 두지 않기
  - 알람용 시계를 따로 마련하고 스마트폰은 되도록 멀리서 충전하기

중요한 것은 환경을 바꾸면 의지가 필요 없어진다는 점입니다. '결심' 없이도 '조건'만 잘 만들면 몸이 먼저 반응합니다.

- **루틴 환경 세팅**

좋은 습관 환경 세팅	나쁜 습관 환경 세팅
`보여 줄 것` 을 보이도록 `어떤 행동` 을 한다.	`숨길 것` 을 안 보이도록 `어떤 행동` 을 한다.

루틴 유지의 핵심은 반복할 수 있는 구조 만들기

루틴은 한 번 하는 게 중요한 게 아니라 계속할 수 있는 구조가 되어야 합니다. 환경은 그 구조의 기반이 됩니다.

> **좋은 환경 설계의 조건**
>
> 1. 간단하고 직관적일 것
>   → 눈에 보이는 게 많으면 방해 요소도 많습니다. 꼭 해야 할 한 가지 루틴에 집중해서 보이는 것을 제한해 보세요.
> 2. 행동이 이어지도록 연결되어 있을 것
>   → 아침 세면대 옆에 읽을 책을 두면, 기상 후 세수를 하고 바로 책을 집어서 읽으러 갈 환경이 만들어집니다. 꼭 하는 행동에서 이어질 수 있도록 환경을 만들어 보세요.
> 3. 매번 생각하지 않아도 할 수 있는 자동화 설정을 할 것
>   → 루틴 지속을 쉽게 하려면 '생각할 시간도 주지 말아야 한다'에 집중하세요. 매번 할까 말까 고민하는 시간도 없애도록 자동화 설정을 해 두세요. 스마트폰 알람을 이용해 루틴 실행 시간 전에 미리 준비할 수 있도록 하는 것도 좋은 방법입니다.

게으른 게 아닙니다. 그저 환경이 불리했을 뿐입니다. 사람은 환경의 동물이고, 좋은 루틴을 만드는 사람들은 결국 '좋은 환경'을 먼저 만든 사람들입니다. 나의 의지를 믿기보다는 내가 나를 믿을 수밖에 없는 환경을 만들고 거기에 나를 넣어 보세요. 오늘부터 나의 루틴 실행을 도와주는 환경으로 고쳐 보세요. 당신의 의지 없이도 꾸준해질 수 있도록!

4부

3단계

실행:
무조건 할 수밖에 없는
행동 설계

실행률을 높이는
행동 설계와 마인드 컨트롤

계획을 세우고 결심을 다지는 건 누구나 할 수 있습니다. 새로운 루틴을 만들겠다고 다짐하거나 해야 할 일을 목록에 적는 것은 비교적 쉬운 일입니다. 하지만 진짜 어려운 것은 그 결심을 계속 이어가는 것입니다. 흔히 '시작이 반이다'라고 하지만, 시작한 뒤 그것을 꾸준히 유지하는 것은 어쩌면 시작보다 훨씬 더 큰 노력이 필요한 일인지도 모릅니다.

앞서 실행력을 높여 주는 다양한 도구와 기술을 살펴보았습니다. 이제는 본격적으로 '실행' 그 자체를 설계하는 단계로 들어가야 합니다. 단순히 마음먹는 것을 넘어서 어떻게 하면 이 실행이 자연스럽게 이어질 수 있을지, 어떻게 해야 '계속할 수

밖에 없는 구조'를 만들 수 있을지 고민해야 할 시점입니다. 이번 장에서는 지속 가능한 실행력을 위한 전략으로, 루틴이 생활 속에 스며들도록 돕는 여러 행동 설계 장치를 알아봅시다.

실행력을 높이는
행동 설계

행동 설계란 내가 목표로 삼은 루틴이나 해야 할 일이 자연스럽게 실행될 수밖에 없는 시스템을 미리 짜놓는 것을 말합니다. 마치 자동 반사처럼 '할까 말까'를 고민하지 않아도 되도록 만드는 구조죠.

이 개념을 설명할 때 자주 인용되는 심리 실험이 하나 있습니다. 바로 '파블로프의 개' 실험입니다. 러시아의 생리학자 파블로프는 개에게 먹이를 줄 때마다 작은 종소리를 함께 들려주는 실험을 반복했는데, 나중에 종소리만 들어도 개가 침을 흘리며 먹이가 올 거라고 기대하는 조건 반응을 보였습니다. 이 실험은 시사하는 바가 큽니다. 인간의 행동 역시 어떤 '자극'과 '반응'이 반복되면, 어느 순간부터는 의식적인 의지 없이도 자동으로 행동이 유도될 수 있다는 것입니다.

실행력을 높이는 행동 설계 역시 같은 원리를 따릅니다. 핵심은 하나입니다. 고민할 시간을 없애고, 자동으로 행동하는 구조를 만드는 것입니다. 예를 들어 '운동할까 말까'를 고민하는 대신 운동복을 미리 꺼내 놓고, 신발 옆에 물병을 준비해 두면 아침에 눈을 뜨자마자 별다른 생각 없이 운동을 시작하게 됩니다. 행동을 자동화하려면 먼저 결정의 순간을 줄이고 행동이 저절로 이어지도록 유도하는 장치를 생활 속에 배치해야 합니다.

실행 설계의 핵심 3요소는 다음과 같습니다.

> 1. 작게 쪼개기(단위 최소화)
>   → 아주 하찮은 단위까지 일을 쪼개서 시작의 진입장벽을 낮춥니다.
> 2. 조건 연결하기(습관 끼워 넣기)
>   → 기존에 습관적으로 행하던 행동에 새로운 루틴을 연결해 자동화합니다.
> 3. 실패 방지 장치 만들기(리커버리 플랜)
>   → 가끔 실패하더라도 다시 돌아오기 쉽게 만들어야 합니다.

행동이 작아야 움직여진다

계획을 크고 멋지게 세워도 지속하지 않으면 전혀 소용이 없습니다. 작심삼일로 끝나는 이유는 '크게 시작해서'입니다. 크게 시작했을 때 다음과 같은 패턴으로 금방 포기하게 됩니다.

- 매일 한 시간 운동해야지 → 근육통 와서 이틀 뒤 포기
- 한 달에 다섯 권 독서해야지 → 첫 주부터 한 권의 절반도 읽지 못해 밀리기 시작
- 매일 새벽 기상해야지 → 알람만 여러 번 끄면서 미루기 반복

행동 설계는 '최소 단위'로 쪼개는 데서 시작해야 합니다. 쪼갤 수 있을 만큼 쪼개서 시작을 가벼운 상태로 만들어 보세요.

최소 단위 실행
- 운동 : 매일 한 시간 운동해야지 → 5분을 해도 괜찮으니 헬스장 출석하기
- 글쓰기 : 매일 글 열 페이지 쓰기 → 워드 열고 한 문장 쓰기
- 영어 공부 : 매일 TED 영상 번역 없이 보기 → 가장 흥미로워 보이는 TED 영상을 자막과 함께 보면서 시작하기

시작이 작아야 시작하는 데 드는 에너지가 줄어듭니다. 그리고 일단 한번 시작하면 그다음 행동은 관성의 법칙처럼 자연스럽게 따라붙기 때문에 '시작'만 하면 의외로 오래 할 수 있습니다. '운동 한 시간 하기'는 어렵지만 일단 헬스장에 가면 이 기구, 저 기구 옮겨 다니면서 운동 시간을 금방 채울 수 있죠.

기존 습관에 연결하라

새로운 루틴을 정착시키는데 가장 쉬운 방법은 기존 습관에 슬그머니 끼워 넣는 것입니다. 원래 습관이 끝나면 자연스럽게 새 루틴으로 이어지다 보니 시작에 대한 거부감이 없습니다. 하루에 산책 30분 하는 습관을 만드는 계획을 세웠어도, 막상 나가려고 하면 귀찮아서 미루기 십상입니다. 그런데 점심을 먹고 바로 사무실로 들어가는 게 아니라 산책하러 나가는 루틴을 만들면 난이도가 훨씬 쉬워지죠. 게다가 식후 혈당 스파이크도 잡을 수 있으니 일석이조가 되겠죠?

> **습관 트리거 활용**
> - 아침 세수 후 → 모닝 저널 쓰기
> - 점심 먹고 → 30분 산책하기
> - 퇴근 후 집 도착하면 → 30분 영어 듣기

기존 행동을 트리거(trigger, 시작 신호)로 삼으면 뇌가 인지하기도 쉽고 습관화도 빨라집니다. 기존 행동을 하고 나서 무엇을 할까 고민할 필요 없이 바로 다음 습관을 할 수 있어서 생각할 에너지를 줄일 수 있게 되죠.

실패를 대비하는 설계

완벽한 실행만을 전제로 루틴을 짜면 단 하루라도 실패했을 때 무너지기 쉽습니다. 매번 갑작스러운 회식, 야근으로 인해 원래의 삶으로 돌아가 버리는 이유입니다. 그래서 중요한 것은 '실패할 수도 있다는 전제하에 계획하는 것'입니다.

> **리커버리 설계**
> - 매일 아침 운동이 힘들다면? → 일주일에 사흘 이상만 하면 성공!
> - 빠뜨렸을 때는? → 못했어도 저녁에 5분이라도 홈 트레이닝으로 대체하기
> - 주말은 일정이 불규칙하다면? → 주말은 꼭 아침 운동을 목표로 하지 않고 유동 루틴으로 지정하기

100% 완벽함을 목표로 삼지 말고, 복구 가능성을 염두에 둬서 설계해 보세요. 한번 못한다고 완전히 실패라며 다시 처음부터 시작해야 하는 게 아닙니다. 원래 루틴의 리커버리 버전으로 진행하고, 다음날에는 다시 원래 계획대로 진행하여 완료하면 됩니다. 실패를 대비하는 구조는 꾸준히 할 수 있는 열쇠가 됩니다.

마인드 컨트롤 :
자신을 설득하는 말의 힘

행동 설계가 '외부 구조'를 만든다면, 마인드 컨트롤은 '내부 설득'의 힘을 가지고 있습니다. 마인드 컨트롤이 별거 아닌 것처럼 보여도, 미루고 싶은 마음이 꿈틀거릴 때 마인드 컨트롤 문장을 되새기면 마음을 다잡게 도와줍니다.

실행을 방해하는 내면의 말은 다음과 같아요.

> "오늘은 피곤하니까 내일 해야겠다."
> "이 정도면 괜찮아, 이 이상으로 꼭 해야 할까?"
> "원래도 잘 미뤘는데 이번에도 똑같지."

이런 생각이 비집고 들어올 때는 미리 정해 둔 자기 설득 문장을 떠올리세요.

> **마인드 컨트롤 문장**
> "오늘 1%만 해도 내일은 2%가 된다."
> "지금 안 하면 내일도 안 한다."
> "내 목표는 완벽 말고 꾸준함이다."
> "일단 시작만 해 보고 그만둬도 돼."
> → 보통 시작하면 계속하게 됩니다.

이렇게 생각을 설계하면 감정도 따라오게 되고, 감정은 결국 행동의 방향을 정하죠. 작심삼일을 이겨 내는 건 '좋은 설계'입니다. '내가 무조건할 수밖에 없는 구조'를 만드는 것이 장거리 달리기를 마칠 수 있게 만드는 핵심입니다.

작게 시작하고 연결해서 자동화하여 실패해도 돌아올 수 있도록 설계해 보세요. 그리고 자신을 믿게 만드는 말로 매일 마음을 조율하세요. 그것이 바로 '지속 가능한 루틴'을 만드는 비결입니다.

· **실행 설계 템플릿**
  - 내가 무조건할 수밖에 없는 구조 만들기

항목	내용 작성
루틴 이름	아침 스트레칭 5분
최소 실행 단위	요가 매트 꺼내기
실행 시간/장소	아침 7시, 거실
트리거(기존 습관 연결)	기상 후 세수하고 나서 바로
실패 대비 플랜	놓쳤을 경우 자기 전 1분만 하자
내가 자신에게 해 줄 말 (마인드 컨트롤)	오늘 1%만 해도 어제보다 나은 내가 된다

· **내 루틴 구조 점검 체크리스트**
  - 나는 지금 실천하기 쉬운 루틴 구조를 갖추고 있는가?

1. 최소화
- 루틴을 아주 작게 쪼개 두었는가?
- '딱 시작만' 할 수 있게 단위화를 했는가?

2. 연결
- 기존에 매일 하는 습관에 붙여 두었는가?
- 특정 시간대/장소와 연결되었는가?

3. 회복력
- 실패했을 때 대체할 수 있는 리커버리 플랜이 있는가?
- 주말이나 예외 상황도 고려된 유연한 구조인가?

4. 마인드 컨트롤
- 내가 흔들릴 때 자신을 설득할 마인드 컨트롤 문구가 정해져 있는가?
- 이 루틴이 '해야 하는 것'이 아니라 '하고 싶은 것'으로 느껴지게 설계했는가?

도파민을 활용한 보상 체계

우리의 일정 부분은 도파민의 지배를 받으며 살아갑니다. '도파민'은 보상을 예측하고 기대하게 만드는 뇌의 신경전달 물질입니다. SNS나 짧은 영상을 볼 때 다음에도 뇌를 자극하는 어떤 콘텐츠가 나오길 기대하며 끊임없이 넘겨 봅니다. '이거 하나만 보자'라고 생각하면서도 도파민을 따라가다 보니 한두 시간이 훌쩍 지나 있을 때가 있죠.

우리는 도파민에 의해 원치 않은 상황까지 가는 데 익숙하지만, 반대로 원하는 목표를 달성하는데 도파민을 이용할 수도 있습니다. 바로 '보상'이라는 체계를 이용하는 것입니다. 도파민에 따르면 보상이 걸려 있어야 뇌가 '움직이고 싶어진다'라

> 어느 날 나의 생활을 돌아보니, 스마트폰 없이는 단 한 시간도 못 참는 수준에 놓인 걸 알게 되었습니다. 틈만 나면 스마트폰을 들춰서 알람이 왔는지를 확인하고(알람이 안 온 줄 알면서도 습관적으로 들여다본다), SNS를 들락날락하면서 나의 관심을 끌 만한 무언가 새로운 게 없는지를 봤습니다. 그러다 보니 일을 하던 중에도 집중이 자주 끊겼고 특히나 머리를 쓰는 일을 할 때는 은연중에 회피하고 싶어서 스마트폰으로 숨는 일이 잦았습니다. 최근 들어 여러 책이나 매체를 통해 도파민을 자극하는 여러 환경에 노출되는 일이 좋은 것만은 아니라는 사실을 알게 되었지만, 완전히 끊어 내는 건 불가능하니 이를 활용하면 어떨까라는 생각을 하게 되었습니다. 그나저나 현대 사회를 살아가는 우리는 참 신경 쓸 일이 많은 것 같아요.

는 뜻이고, 보상이 약속되지 않으면 뇌가 움직이지 않는 구조입니다.

왜
보상이 필요할까

사람들이 루틴을 반복하다가 포기하는 이유 중 하나는 '지겨워서'입니다. 처음 루틴을 시작할 때는 일상에 생소한 패턴을 도입하는 과정이라서 신경을 쓸 수밖에 없죠. 하지만 이내 반복된 행동은 금세 지루함을 만들고, 이 지루함은 뇌에 에너지를 아끼라는 신호로 작용합니다.

마치 초행길 운전은 도로 환경, 교통 표지판 등의 자극으로 신경이 곤두서게 만들지만, 매일 다니는 출퇴근길에서는 더 이상 두리번거리며 새로운 시각적인 신호를 찾지 않고, 기계적으로 운전하게 만드는 것처럼 말이죠. 지속되는 루틴이 지루해진 상황이라면 도파민이 해결책이 될 수 있습니다. 도파민은 '이걸 하면 뭔가 좋은 일이 생긴다'라는 기대를 불러일으키고, 기대가 생기면 뇌는 그 행동을 더 자주 하고 싶어집니다.

보상이 주는
세 가지 효과

적절한 보상이 주는 효과는 세 가지로 정리됩니다.

1. 행동 지속 동기부여

보상이 약속되면 반복 행동에 대한 피로가 줄어듭니다. 사람은 보상을 위해 움직이는 동물이기 때문에 약속된 보상은 계속 움직일 수 있게 만드는 동력이 됩니다.

2. 습관 자동화 유도

행동과 보상이 반복되다 보면 뇌는 '이 행동 = 좋은 결과'를 자연스럽게 기억하고 루틴을 강화합니다. 습관 형성을 가속합니다.

3. 감정적 리듬 유지

작은 보상만으로도 긍정적인 감정이 생깁니다. 해냈다는 성취감을 쌓아가는 건 일을 지속하는 데 매우 중요한 과정입니다. 꾸준함은 긍정적인 감정의 뒷받침이 있어야 가능합니다.

보상 체계를 설계할 때 주의하기

모든 보상이 효과적인 것은 아닙니다. 잘못된 보상은 오히려 루틴을 망치고 목표 달성을 저해하는 결과를 가져올 수 있으니 꼭 나에게 적절한 보상 체계를 만들어야 합니다.

1. '조건부' 보상으로 만들지 않기

'운동 30분 하면 넷플릭스 드라마 한 편 보기' 이런 방식으로 뇌에 '운동 = 괴로운 것'이라는 신호를 줍니다. 보상은 행동을 긍정적으로 연결 짓는 수단이어야지, '보상 없으면 하기 싫은 일'로 느껴지게 만들면 안 됩니다. 이런 보상이 반복되면 이후엔 보상 없이는 루틴을 하지 못하게 되는 상태가 될 수 있습니다.

보상을 주는 올바른 방식으로 '운동을 한 나에게 좋은 에너지를 주고 피로를 풀어 주고 싶어. 따뜻한 반신욕이 오늘의 보상이야'처럼 행동 자체를 긍정하고, 가벼운 리추얼처럼 느끼게 하는 보상이 효과적입니다.

2. 효과적이고 즉각적인 보상 주기

'이번 주에 루틴을 다 완료하면 일요일에 영화 봐야지'보다는 '오늘 하루 루틴을 잘 실행했다면 오늘 바로 작게 보상'이 더 효과적입니다. 도파민은 기다리는 것을 싫어합니다. 작은 보상이라도 즉시 제공되는 것이 행동 지속에 훨씬 도움이 됩니다.

3. 목표를 저해하는 보상은 피하기

체중 감량을 목표로 하는 사람이 '운동 30분 하면 케이크 한 조각 먹기'와 같은 보상 체계를 만들면 어떻게 될까요? 오히려 운동량보다 케이크로 섭취하는 열량이 높아서 체중이 증가하는 결과를 가져올 수 있습니다. 보상 체계는 최종 목표를 저해하지 않는 방향으로 짜야 합니다.

4. 외부 보상보다 내부 보상에 집중하기

'좋아요 100개를 받으면 계속해야지'보다 '오늘도 해낸 나 자신이 뿌듯

· **적절한 보상**

루틴	보상 아이디어(즉각적 / 가벼운 / 긍정적)
아침 스트레칭 5분	좋아하는 향초 피우기
하루 루틴 완료하기	좋아하는 유튜브 영상 10분 시청하기
하루 건강한 식단 지키기	반신욕 + 음악 듣기 20분
독서 20분	칭찬 일기 쓰기
하루 할당량 글쓰기 완료하기	SNS에 진행 상황 공유하며 셀프 응원하기

해'가 루틴을 지속하는 데 있어서 장기적입니다. 외부 보상은 내가 컨트롤할 수 없습니다. 원하는 만큼 주어지지 않았을 때 좌절하기 쉬워집니다. 하지만 내면의 성취감은 내 통제가 가능한 범위에 있고, 언제든 꺼낼 수 있는 지속 가능한 연료가 될 수 있습니다.

보상은 돈을 쓰지 않아도 되고 거창할 필요도 없습니다. 중요한 것은 내가 나를 챙겨 주고 있다고 느끼게 만드는 것이 필요합니다.

도파민은 중독이나 충동 같은 부정적인 이미지부터 떠올리곤 하는데, 실제로 도파민은 즉각적인 만족을 추구하게 만들고, 반복적으로 자극을 찾게 만드는 성질이 있어서 스마트폰 중독이나 무의식적인 소비 행동의 원인으로 지목되기도 합니다. 하지만 도파민은 그저 위험한 유혹의 화학물질만은 아닙니다. 오히려 루틴을 만들고 유지해 나가는데 가장 강력하고도 현명한 아군이 될 수 있습니다.

하루를 잘 마치고 "오늘도 수고했어"라고 스스로 말을 건네는 것만으로도 도파민은 분비됩니다. 혹은 좋아하는 따뜻한 음료를 마신다거나 짧은 산책을 하거나 '완료 체크'를 하면서 느끼는 시각적인 성취감도 도파민의 보상으로 작용할 수 있습니다. 이런 작은 보상이 모이고 쌓이면서 결국 큰 변화를 만들어 내는 시스템이 작동하게 되는 것입니다.

습관이란 이를 악물고 버텨야만 얻을 수 있는 결과가 아니고 오히려 계속하고 싶게 만드는 구조, 반복할수록 즐거워지는 장치가 있을 때 비로소 진짜 습관이 됩니다. 그러니 오늘 하루도 잘 살아 낸 나에게, 내가 줄 수 있는 가장 따뜻하고 기분 좋은 보상을 선물해 보세요. 그것이 바로 내일도 다시 루틴을 이어 가게 만드는 가장 강력한 원동력이 되어 줄 테니까요.

③ '혼자가 아니다' 선언하고 함께하기

우리는 생각보다 훨씬 더 '함께'라는 힘에 영향을 받는 존재입니다. 혼자서는 쉽게 미루고 포기하던 일도 단 한 명이라도 함께 하겠다고 마음을 나누는 순간, 행동이 바뀌기 시작합니다. 그 사람과의 약속이 책임감을 만들고, 그 책임감이 곧 실행력을 끌어올립니다. 루틴을 지속하는 데 있어서 '선언'하고 '함께하는 것'은 단순한 동기부여를 넘어서 실행력을 확실히 높이는 가장 강력한 장치가 될 수 있습니다.

선언하면
달라지는 심리

사람은 사회적인 동물입니다. 타인의 시선 속에서 자신을 의식하고, 스스로 더 좋은 이미지를 남기고 싶어 합니다. 이 본능은 루틴을 지키고 목표를 실현하는 데에도 매우 유용하게 작용합니다. '나 혼자만 아는 결심'은 쉽게 흐려지지만, '다른 사람과 공유한 다짐'은 그 자체로 책임이 되고 약속이 됩니다. SNS에 '이번 달 3kg 감량 도전합니다! 매일 식단 인증할게요!'라고 올리는 것과 혼잣말로 '다이어트 해야지'라고 중얼거리는 것은 실행의 질이 다를 수밖에 없습니다.

작게는 친구에게 오늘 해야 할 일을 미리 말해 두거나 매일

> 몇 년 전 회사 동기와 다이어트를 하기로 하면서 100일 후 바디 프로필 사진을 찍기로 했습니다. 당시에 동기와 저는 멀리 떨어져 근무했던 터라, 매일 건강한 식단과 운동 수행 내용을 메신저로 인증했습니다. 그렇게 100일이 되던 날, 촬영장에서 오랜만에 서로 만나게 되었는데, 회사 동기는 16kg이 빠져서 정말 몰라볼 정도가 되었습니다.
> "언니랑 한 약속이 나에게 너무 컸어. 먹는 걸 좋아하지만 그 약속 때문에 매일 철저하게 식단과 운동을 할 수 있었던 것 같아."
> 새삼 사람과의 약속이 얼마나 강력한 목표 달성의 무기가 될 수 있는지를 실감할 수 있었습니다.

실천 인증을 주고받는 루틴 파트너를 만드는 것만으로도 지속력이 눈에 띄게 달라집니다. 마치 마라톤을 함께 뛰는 동료가 있는 것처럼, 혼자가 아닌 누군가와 함께한다는 사실은 때로는 지치려는 나를 다시 움직이게 만들기도 합니다.

선언은 단순한 말이 아닙니다. 자신의 결심을 세상과 공유함으로써 '의지'를 '의무'로 바꾸는 수단이 될 수 있습니다. 혼자서는 포기하기 쉬운 상황도, 함께하면 참고 버틸 수 있습니다. 함께하는 힘은 단순한 책임감을 넘어 소속감, 응원, 자극까지 주고받을 수 있습니다.

- 오늘은 운동 쉬고 싶다 → 친구랑 약속했으니까, 친구도 하는데 나도 해야지. 나가자!
- 오늘은 인증 안 해도 되겠지 → 내가 빠지면 다른 사람들도 흐트러질 수 있어. 내가 이 흐름을 깨뜨려서는 안 돼!

어떻게 선언하고 어떻게 함께할까

1. SNS에 공개 선언하기

가장 간단한 방법입니다. 인스타그램을 이용해 매일 인증하는 형식으로 사진을 올리거나 챌린지를 운영하고 참여할 수 있습니다. 해시태그(#루틴도전, #미라클모닝챌린지 등)나 사진, 인증

템플릿을 함께 사용하면 더 효과적입니다.

> – 4월은 루틴 챌린지 합니다. 아침 7시 기상, 매일 인증할게요!
> – 이번 달 목표 : 하루 30분 독서! 함께 하실 분?

2. 같은 목표를 가진 사람과 소그룹 만들기

함께 성장하고 싶은 사람 2~5명을 모아 단톡방, 그룹 채팅을 만듭니다. 실제로 오픈 채팅방을 운영해 보니 부담이 없어서 좋았고, 시간이 지날수록 참여자와 유대 관계를 쌓으면서 여러 팁을 공유하기에도 좋았습니다. 강요 없이 자율적인 분위기를 유지하는 게 좋고, 완벽보다는 꾸준함에 집중할 때 소그룹이 지속되기 좋았습니다. 모임 안에서 다음 사항을 공유할 수 있습니다.

> – 매일 간단한 체크하기
> – 서로 응원, 조언, 실패도 공유하기
> – 주간 피드백 회고하기

3. 가족, 친구, 직장동료에게 말하기

가깝고 사적인 관계에서도 선언은 강력한 도구입니다. 서로를 견제하고 격려할 수 있는 동료가 있다면, 혼자 버티는 시간은 줄어들고 도전이 하나의 놀이처럼 즐거워질 수 있습니다.

- 이번 달 금연 도전할 거야. 내가 다시 담배에 손대려고 하면 주의를 줘.
- 퇴근 후 매일 저녁 30분 공부하려고 해. 너도 같이할래?

선언 후
지켜야 할 습관

당연한 말이지만 선언했다고 해서 모두가 100% 완벽하게 지킬 수 있는 건 아닙니다. 중요한 건 실패를 하더라도 무너지지 않는 법, 자책하지 않는 법을 아는 것입니다.

1. 실패하더라도 다시 시작하기

오늘 예기치 못한 이벤트가 발생하거나 컨디션 저조로 살짝 삐끗할 수 있습니다. '오늘 못했지만, 내일은 다시 할 거야'라는 마음으로 다시 시작해야 합니다. 중요한 건 실패가 이틀 연속으로 발생하지 말아야 합니다.

2. 함께 리마인드하기

같이 도전하는 사람과 서로 주기적으로 리마인드를 해 줍니다. 중간 점검 일자를 잡고 함께 달성률을 리뷰를 하는 것도 좋은 방법입니다.

3. 작은 성공을 공유하기

누가 꼭 봐 주지 않더라도 매일의 작은 성공을 공유합니다. SNS나 챌린지 앱을 통해 인증 사진을 올리고 성공을 이어 나가 보세요.

꾸준히 루틴을 실행하기 위해서 때때로 '외부의 힘'이 필요합니다. 내가 혼자가 아니라는 믿음, 함께 응원해 주는 사람이 있다는 따뜻한 감각이 우리를 다시 일으켜 세우고 지속할 수 있도록 합니다.

5부

4단계

리뷰: 자동화를 위한 설계

❶
객관적인 수치로 판단하는 법

어떤 목표를 세우고 그것을 단 한 번 달성하는 일이라면 사실 그리 어렵지 않을 수도 있습니다. 목표만 바라보며 이를 악물고 달리면 되니까요. '이 또한 지나가리라'라는 생각으로 버티면 언젠가는 도달할 수 있습니다. 하지만 문제는 그 이후입니다. 단기적인 성공보다 훨씬 어려운 일은, 그 좋은 루틴을 오랜 시간 어쩌면 평생에 걸쳐 지속하는 것입니다.

   예를 들어 건강한 삶을 위해 몇 번 달리기를 하고, 일주일 동안 즉석 음식을 참았다고 해서 건강한 삶을 손에 넣을 수는 없습니다. 오히려 건강한 몸을 유지하기 위해 그보다 더 중요한 것은, 매일매일의 생활 속에서 '습관처럼' 좋은 루틴을 실천할 수 있는 환경과 구조를 갖추는 일입니다. 바로 우리가 추구해야 할 루틴의 방향입니다.

그래서 이번에는 힘을 들이지 않아도 자연스럽게 작동하는 루틴 시스템을 어떻게 설계할 수 있을지에 대해 다뤄 보려 합니다. 목표는 단순합니다.

"좋은 루틴을 매일 실천하면서도 그것이 마치 숨 쉬듯 자연스럽게 느껴지도록 만드는 것"

이 목표를 위해 습관이 자동으로 굴러가게끔 돕는 장치를 하나하나 설계해 볼 것입니다.

그리고 또 하나 많은 사람이 루틴을 실행하다가 중간에 흔들리는 이유는, 스스로 잘하고 있는지 평가할 수 있는 기준이 모호하기 때문입니다. 오늘 하루 계획을 잘 지켰는지 아니면 어설프게 넘어갔는지 판단할 때, 기분이나 직감에만 의존하면 점점 루틴의 방향이 흐려지고 자신감도 줄어들게 됩니다. '오늘은 나름 괜찮았던 것 같아', '좀 못한 것 같기도 하고'처럼 주관적인 평가만으로는 지속 가능하고 안정적인 루틴을 만들어 가기 어렵습니다.

그래서 이제부터 루틴을 '객관적인 수치'로 평가하는 습관을 들이는 것이 중요합니다. 매일매일 얼마나 실행했는지를 숫자로 확인하고, 일정 기간이 지난 뒤에 그 데이터를 바탕으로 루틴을 점검하고 조정할 수 있어야 합니다. 그렇게 해야만 루틴이 단순한 '의지력 싸움'이 아니라 지속 가능하고 개선 가능한 시스템으로 자리 잡게 됩니다. 하지만 평가를 하는 건 초기에 루틴을 실행하면서 내 생활에 완벽히 밀착되기 전까지 진행하면 되고, 그 이후에는 자동화가 되기 때문에 자연스럽게 평가 대상에서 제외하면 됩니다

수치화가
필요한 이유

루틴은 반복이 핵심입니다. 꾸준히 이어져야 눈에 보이는 성과를 만들고, 결국은 힘을 들이지 않아도 굴러갈 수 있는 자동화까지 도달할 수 있습니다. 하지만 중간 점검 없이 무작정 반복만 해서는 내가 맞는 방향으로 나아가고 있는지조차 알기 어렵고 중도에 포기하기 쉽습니다. 하지만 다행스럽게도 중간중간 방향 체크를 하는 건 그다지 어렵지 않습니다. 체크리스트에 단순히 ○나 ×를 남기는 것만으로도 내 루틴의 진행 상황을 추적할 수 있고, 그 데이터를 주 단위나 월 단위로 정리해서 확인해 보면 생각보다 많은 인사이트를 얻을 수 있습니다.

수치화는 단순히 숫자 세는 것을 넘어 내가 설정한 루틴이 나에게 맞는지 아닌지를 판단하는 중요한 기준이 될 수 있습니다. 예를 들어 어떤 루틴의 달성률이 40%라면 그 루틴 자체가 과하게 설정된 것은 아닌지 혹은 나의 하루 구조와 맞지 않는 것일 수도 있습니다. 당장 루틴 정비에 착수해야 할 것입니다.

반면 90% 이상의 달성률을 꾸준히 유지한다면, 그 루틴은 나에게 잘 맞고 지속할 수 있는 좋은 습관일 가능성이 큽니다.

수치화는 어떻게 할 수 있을까

루틴의 수치화는 간단한 체크박스나 기록 방식으로도 충분히 시작할 수 있습니다.

1. 아날로그 방식 : 종이 노트 또는 플래너

가장 간단한 방법은 종이 노트나 플래너에 매일 수행한 루틴을 체크하는 것입니다. 예를 들어 '물 1.5L 마시기', '30분 운동하기', '아침 7시 기상' 같은 항목 옆에 매일 ○나 × 또는 색깔을 칠해 넣습니다. 그리고 일주일이 지나면 체크한 횟수를 세어 보고 달성률을 계산합니다.

> ▶ 7일 중 5일 성공 → 71.4%
>
> 목표 달성률 기준 : 80% 이상이면 그대로 유지하고, 50%~80%라면 달성률을 높여 줄 도구나 환경을 찾아보고 도입합니다. 50% 미만이면 나에게 잘 안 맞는 루틴이므로 완전히 바꾸는 방향으로 고려합니다.

2. 디지털 방식 : 노션 습관 트래커

노션을 활용하면 더 체계적이고 직관적으로 습관 추적이 가능합니다. '수식' 기능을 사용하면 달성률도 자동으로 계산해 주기 때문에 아날로그 방식에서 일일이 계산하는 수고스러움을 덜 수 있는 장점이 있습니다. 어렵지 않기 때문에 습관 트래커를 직접 만들어서 사용해도 되고, 노션에서 기본적으로 제공하는 습관 트래커 템플릿 양식을 사용하거나 채널 '노말이'에서 제공하는 템플릿인 '인생 루틴 키트'를 활용해도 편하게 기록하고 트래킹할 수 있습니다. 직접 만들 때는 노션에서 데이터베이스를 새로 만들어 주고 '날짜', '루틴 항목(체크박스 속성)' 속성만 만들어도 습관 트래커 기능을 할 수 있습니다. '수식' 기능을 사용해 날짜별 달성률이 자동으로 계산되어 나오도록 하고 캘린더나 보드 뷰로 시각화할 수도 있습니다.

노션의 장점은 개인 사용이 목적이라면 데이터 축적을 무제한 할 수 있고, 개인의 필요에 따라 커스터마이징이 가능해서 자유롭게 수정할 수 있습니다. 또 쌓인 데이터베이스를 바탕으로 객관적인 분석을 할 수 있어서

- 루틴 트래커 테이블
  루틴 1 (체크박스 속성) : O
  루틴 2 (체크박스 속성) : X
  루틴 3 (체크박스 속성) : O
  일일 달성률 (수식 속성) : 66.7%
- 주간 평균
- 월간 평균

→ 루틴 트래커 예시

데이터를 기반으로 한 의사결정이 가능해집니다. 그래서 특정 루틴이 주중에는 잘 지켜지는데 반면 주말에만 지켜지지 않는다면, 그 패턴을 쉽게 발견하고 보완할 수 있게 되죠.

수치로 보면
비로소 보이는 것들

달성률이 50% 이하로 자주 떨어진다면, 그 루틴은 나의 현재 삶의 구조나 역량에 맞지 않을 가능성이 큽니다. 그럴 때는 다시금 내 의지력을 탓하지 말고 다음과 같은 점검이 필요합니다.

1. 루틴의 횟수는 적절한가?

하루에 너무 많은 루틴을 넣어 과부하가 걸리거나 매일 해야 할 루틴이 아닌데 무리해서 하는 것은 아닌지 확인해 보세요.

2. 루틴의 시간대는 적절한가?

아침형 인간이 되고 싶어서 이른 새벽부터 루틴을 시도하지만, 내가 야행성 인간이라면 루틴 실행이 어려울 수밖에 없습니다.

3. 루틴의 내용이 현실적인가?

'두 시간 유산소 운동'이 현실적으로 어렵다면, '30분 걷기'로 줄이는 것도 방법입니다. 처음에는 심리적인 부담을 전혀 느끼지 않도록 난이도를 쉽게 설정하고, 이후 조금씩 도전적으로 목표를 설정하는 게 좋습니다.

수치는 단순히 성공률을 보여 주는 것을 넘어 루틴이 적당한지를 진단할 수 있는 지표가 됩니다. 루틴을 수치화한다는 것은 '성과'로 보겠다는 것이 아닙니다. 오히려 루틴이 나에게 맞는 구조인지 확인하고, 필요한 조정으로 점점 더 맞는 도구로 만들어 가는 과정입니다. 꾸준함은 하루하루의 작은 행동에서 나오고 그 작은 행동이 쌓여 루틴이 됩니다. 그 작은 행동을 기록하고, 수치로 정리하는 것만으로도 더 나은 방향으로 갈 수 있습니다. 그래서 그 수치는 얼마나 노력하고 있는지를 눈에 보이게 만드는 가장 직관적인 증거입니다.

2
내 마음은 어땠을까 : 자가 진단법

루틴을 실천하는 데 있어 수치상으로 달성률을 체크하는 것은 중요합니다. 객관적으로 내가 잘하고 있는지 적당한 수준의 루틴을 실행하고 있는지를 판단할 수 있고, 부족한 점은 보완할 수 있습니다. 하지만 명심할 것은 숫자가 전부는 아니라는 것입니다. 달성률 100%를 찍었더라도, 그 안에서 억지로 나를 극도로 몰아붙이고 그 과정에서 점차 지쳐간다면 그 루틴은 건강하다고 보기 어렵습니다. 반대로 60%밖에 해내지 못했지만 매일 만족스럽고 기분이 좋았다면, 오히려 그 루틴은 삶에 잘 맞는 구조일 수 있습니다. 그래서 우리는 '감정'도 함께 돌아봐야 합니다. 루틴이 단지 '해야만 하는 일'이 아니라 '하고 싶어지는 일'

이 되기 위해서입니다.

마음을 들여다보는
루틴 리뷰

매일 루틴을 점검할 때, 감정을 함께 기록하면 조금 더 나에게 맞춤화된 루틴으로 만들 수 있습니다. 바쁜 일상에서 흘려보낸 감정을 놓치지 않고 기록하면, 언제 지치고 언제 충전되는지를 스스로 알 수 있게 됩니다. 이는 루틴의 방향을 바꾸거나 강도를 조절하는 데 아주 중요한 힌트가 될 수 있습니다.

저는 회사에 다닐 때는 출근 전에 최대한 많은 일을 하면서 생산적인 아침을 맞이하고 싶었습니다. 그래서 새벽 5시에 일어나서 운동하는 루틴을 만들어 보자고 다짐했습니다. 그 당시에 미라클 모닝 붐이 일어서 나도 그들처럼 아득한 새벽에 일어나서 루틴을 시작하면 멋질 것 같다고 막연하게 생각했었습니다. 그래서 새벽 4시 50분에 알람을 맞춰 두고 꾸역꾸역 눈을 뜨고 풀리지 않는 몸으로 겨우 요가 매트를 폈습니다. 이를 꽉 깨물고 한 달을 실천했지만, 매일 피곤해서 졸다가 일의 능률이 떨어지고 심지어 우울한 감정까지 동반되었습니다. 그때는 꾹 참고하다 보면 익숙해질 거라는 막연한 마음으로 실천했는데, 내 몸의 상태와 감정이 보내는 신호를 무시한 루틴은 오래 하기는 어려웠습니다.

결국 아침에 해가 늦게 뜨고 침대 밖을 벗어나기 어려워하다가 이른 아침 기상에 최악의 계절인 겨울에는 자연스럽게 루틴이 숨어 버리고 말았습니다. 루틴을 오랫동안 지속하기 위해서는 내 몸과 마음이 하는 말을 귀 기울여 들어야 합니다.

감정 기반 루틴 점검이 필요한 이유

왜 루틴을 지속하기 위해서 감정을 수시로 들여다봐야 할까요?

1. 지속 가능성의 핵심은 감정이다

루틴이 생활에 완전히 자연스럽게 융화되기 위해서는 꾸준한 반복이 필요합니다. 그런데 감정이 억눌리거나 지치는 루틴은 당연하게도 오래가기 어렵습니다. 몸에서 자연스럽게 거부 반응을 일으켜서 시작하는 것 자체를 어려워하게 되죠. 반면 감정적으로 만족감이 높은 루틴은 자발적으로 계속하게 됩니다.

2. 자존감과 연결되어 있다

감정을 기록하고 돌아보는 시간은 '나는 나를 신경 쓰고 있다'라는 감각을 줍니다. 정신없이 하루를 보내기만 한다면 마음 한쪽이 충족되지 않는 허전함을 느끼게 되는데, 짧은 시간이라도 나를 돌보는 시간을 가지면 자기 효능감과 자존감을 키우는 데 큰 도움이 됩니다.

3. 내면의 소리를 듣는 시간

루틴이 많아질수록 자동 조종 모드처럼 살아가기 쉽습니다. 효율적이지만 한편으로는 삭막한 하루가 될 수 있죠. 하지만 하루에 단 몇 분이라도 감정을 돌아보는 시간은, 루틴이 나를 통제하는 것이 아니라 내가 루틴을 선택하고 있다는 능동적인 감각을 유지할 수 있습니다.

하루
자가 진단 일기

자가 진단을 위한 일기는 꼭 길게 쓸 필요는 없습니다. 핵심은 '나의 하루를 있는 그대로 바라보는 것'입니다. 일기에 다음과 같은 항목을 포함해 보세요.

1. 오늘 있었던 근사한 일

오늘 느꼈던 기분 좋은 순간, 작은 성취, 따뜻한 말 등을 기록합니다.

> "퇴근길에 하늘이 너무 예뻤다", "동료가 맛있는 커피를 사줬다", "출근길에 꽃향기 나는 공기를 맡으며 기분이 좋아졌다"

2. 감사한 일

감사는 감정을 안정시키고 스트레스를 완화하는 데 효과적입니다. 거창하게 생각할 필요 없이 소소하게 감사한 일도 의미가 있습니다.

> "저녁으로 따뜻한 집밥을 먹었다", "오늘 달리기는 이전보다 기록이 좋아졌다", "아침에 따뜻한 커피를 마실 수 있어서 좋았다"

3. 기억에 남는 일

특별했던 대화나 사건, 감정의 변화 등을 적어 보세요.

> "오늘 미팅에서 내 의견이 잘 받아들여져 뿌듯했다"

4. 루틴 돌아보기

오늘의 루틴을 평가합니다. 단순히 ○나 ×가 아닌 어떻게 느꼈는지를 포함해 보세요.

> "필라테스는 못했지만 대신 산책을 했다. 기분이 좋아져서 만족스럽다", "새로 시작한 루틴인 아침 스트레칭을 하고 나니 몸이 가벼워지는 기분이 들었고 남은 하루도 가뿐했다"

5. 하루 기분 체크하기

감정 이모지나 점수(1~5점)로 표현하거나 한 줄 감정 요약도 좋습니다.

> "기분 좋음(4점) - 집중이 잘 되고 일이 잘 풀리는 느낌이 든다. 지금 하는 루틴을 좀 더 자연스럽게 실행할 수 있게 된 것 같다"

많은 사람이 루틴 점검을 '자기반성'이나 '자기 통제'로만 여기곤 합니다. 하지만 감정을 포함한 루틴 리뷰는 오히려 자신을 위로하고, 안아 주는 도구가 될 수 있습니다. 오늘 하루가 조금 엉망이더라도 '그럴 수도 있지'라고 다독이는 문장을 남길 수 있는 공간이기 때문입니다.

루틴은 삶을 정리하는 틀이지만, 그 안에서 우리는 인간으로 살아갑니다. 인간은 완벽하지 않고, 감정적이며, 때로는 멈추고 싶을 때도 있습니다. 감정을 기록하고 돌아보는 이 작은 루틴이야말로 루틴을 지속하게 만드는 핵심 비결입니다.

3
고치고
다시 실행하기

수년간 몸에 배어 있던 고질적인 루틴을 바꾸는 일은 생각보다 훨씬 어렵습니다. 새로운 마음으로 나에게 꼭 맞는 루틴을 만들어 보겠다고 다짐해도, 처음부터 완벽하게 정착시키는 사람은 거의 없습니다. 가령 오랫동안 즉석식에 익숙했던 사람이 하루아침에 입맛이 바뀌어서 샐러드만 먹는 삶을 사는 건 사실상 불가능에 가깝습니다. 매일 자정이 넘어서야 잠드는 야행성 생활을 하던 사람이, 단숨에 새벽 5시에 일어나는 규칙적인 생활로 전환하는 것도 마찬가지입니다.

오래된 루틴을 바꾸고 새로운 루틴을 자리 잡게 만드는 일은 단발성 결심으로 해결되지 않습니다. 반드시 실패와 시행착오를 전제로 해야만 합니다. 이 과정을 받아들이는 자세가 중요합니다. 그렇다면 루틴이 계획대로 돌아가지 않을 때는 어떤 태도를 보여야 할까요? 바로 '고치고, 다시 실행하기'의 자세입니다.

　루틴이 무너졌다고 자책하고 포기하는 순간, 그 루틴은 정말로 끝나버립니다. 하지만 무너진 이유를 분석하고, 작은 조정을 거쳐 다시 실행에 옮긴다면, 그 루틴은 점점 더 나에게 맞는 방향으로 진화하게 됩니다. 루틴을 만드는 데 있어 완벽함은 목표가 아니라 과정에서 만들어지는 결과입니다. 가장 중요한 건 무너졌을 때 낙담하지 않고 그 원인을 관찰하여 다시 돌아오는 힘입니다. 그러니 루틴이 잘 안 돌아가는 날이 있어도 괜찮습니다. 그것은 실패가 아니라 다시 설계할 수 있는 하나의 데이터일 뿐입니다.

왜 '다시 실행'이 중요할까

성공하는 사람은 루틴을 '고치며' 완성한다

　어느 분야에서든 탁월한 성과를 이룬 사람을 보면 처음부터 완벽한 루틴을 만들어 실행한 경우는 거의 없습니다. 그들의 공통점은 '루틴을 계속해서 조정하며 완성해 나간다는 점'입니다. 루틴은 한 번 정한다고 끝나는 것이 아니라 삶의 변화에 따라 지속적으로 다듬어가는 시스템입니다.

예를 들어 아이폰을 만든 글로벌 기업 애플의 CEO인 팀 쿡은 꾸준한 루틴으로 유명합니다. 그는 새벽 3시 45분에 기상해 수백 통의 이메일을 체크하고, 헬스장에서 약 30분간 운동한다고 알려져 있습니다. 하지만 이러한 루틴 역시 어느 날 갑자기 짠! 하고 만들어진 것이 아닙니다. 업무 강도, 신체 리듬, 일과 삶의 균형 등을 고려해 꾸준히 조정해 온 결과물이자 지속적인 실행의 산물입니다.

만약 제가 처음에 매일 새벽 5시에 기상해서 운동을 계획했지만 삼 일 만에 실패했다면, 루틴의 시간대나 구성 자체가 지금의 내 에너지 상태와는 맞지 않았던 것일 수도 있습니다. 이때는 기상 시간을 6시로 조금 늦추거나 운동을 10분짜리 스트레칭으로 줄이는 것이 더 효과적일 것입니다.

정체가 아니라 성장의 기회

우리는 종종 루틴을 수정하거나 바꾸는 일을 '실패에 대한 대응'으로 생각합니다. '계획대로 못했으니 고쳐야지'라는 식으로 말이죠. 하지만 루틴을 조정하는 건 실패의 흔적이 아니라 지금의 나를 더 정확히 반영하기 위한 '업그레이드'입니다. 예전에 잘 돌아가던 루틴이 지금은 부담스럽게 느껴질 수도 있습니다. 그 이유는 생활 패턴, 업무량, 에너지 수준, 심리 상태가 바뀌었기 때문입니다.

루틴은 한 번 완성해서 고정해 두는 것이 아니라 지금의 나에게 딱 맞도록 계속 '진화'시켜야 하는 생물 같은 존재입니다. 루틴을 유연하게 조정하는 사람일수록 변화에 민감하고, 자기 관찰력이 뛰어나며 결국 실행력도 높습니다. 루틴을 수정하는 과정을 실패로 여기지 말고 그 자체를 성장의 기회로 삼으세요. 이것이 바로 루틴을 지속하는 사람들의 공통된 전략입니다.

루틴을 어떻게 고치고 다시 실행할까

실패한 루틴을 적어 보기

먼저 최근에 실행하지 못했던 루틴을 돌아봅니다. 노션 루틴 트래커의 기록이나 노트를 열고 봅니다. 실패했다고 느낀 항목을 그대로 폐기할 필요는 없습니다. '왜 안 됐을까?'라는 질문을 통해 고쳐서 다시 실행할 수 있도록 원인을 찾는 것이 핵심입니다.

루틴 항목	달성률	실패 원인
아침 6시 기상하기	30%	수면 부족, 잦은 야근
매일 독서 30분 하기	20%	피로감, 집중 안 됨
물 2L 마시기	50%	물을 먹어야 한다는 사실을 기억하지 못함

루틴을 고치는 방법

① 시간대를 바꿔 보자

실행이 안 되는 이유 중 절반은 '시간대' 문제입니다. 예를 들어 저녁에 책을 읽기가 어려웠다면 출근 전 10분으로 옮기거나 출근 중 지하철에서 전자책으로 읽으면 실행률이 올라갈 수 있습니다.

② 분량을 줄여 보자

처음부터 완벽을 목표로 삼으면 오히려 아무것도 하지 못하게 됩니다. '30분 책 읽기'를 '세 페이지 읽기'로, '운동 한 시간'을 '스트레칭 5분'으로 줄이면 시작이 쉬워집니다. 당장 성과보다는 지속이 우선이라는 점을 기억해야 합니다.

③ 루틴 사이클을 바꿔 보자

매일 하기로 한 루틴이 부담이라면 격일로 바꾸거나 주 3회로 조정해도 좋습니다. 현실적으로 실행 가능성이 높은 빈도를 선택해야 합니다.

> **다시 실행하는 루틴 재설계**
> - 실패한 루틴 : 아침 6시 기상 후 두 시간 운동하기
> - 문제점 :
>   겨울철이라 기상 자체가 힘들다
>   운동 시간이 부담된다
> - 수정 루틴 :
>   기상 시간을 7시로 변경하기
>   운동 시간은 30분으로 축소하기
>   일주일에 두 번은 퇴근 후 시간에 운동하기

수정한 루틴을 다시 실행해 보며 1~2주간의 실행률을 다시 체크해 봅니다. 수치적으로도 감정적으로도 만족스럽다면 새로운 루틴으로 굳히면 되고, 만족스럽지 않다면 다시 조정하면 됩니다. 루틴은 완성형이 아닌 계속해서 돌봐 줘야 하는 생명체처럼 다뤄야 합니다.

루틴은
실험이다

이제까지 '의지가 강해야 루틴을 지킬 수 있다'고 생각했지만, 실제로는 환경, 분량, 시간대, 심리 상태 등 여러 요소가 영향을 미친다는 것을 알게 되었습니다. 그래서 루틴은 정답을

찾아가는 실험이라는 것도 알았습니다. 실패했다고 느낄 때마다 자신을 탓하지 말고 질문을 해 보세요.

- 이 루틴이 나에게 맞는 시간대인가?
- 이 루틴의 양은 과하지 않은가?
- 실행을 가로막는 환경 요소는 없는가?

이 질문에 답하며 루틴을 고치고 다시 실행해 보세요. 꾸준함의 핵심이자 자동화를 향한 설계도입니다.

6부

일잘러를 위한
워크 소어 시스템

놀랍도록 딱 들어맞는 시스템 : 일과 삶, 모든 루틴에 적용되는 SOAR

지금까지 루틴을 설계하고, 습관을 만들고, 지속 가능한 시스템으로 정착시키기 위한 소어 시스템에 대해 살펴보았습니다. 해부하기(Structure), 활용하기(Optimize), 실행하기(Action), 리뷰하기(Review) 이 네 단계는 단지 개인의 생활 습관에만 국한되지 않습니다. 사실 이 시스템은 일의 모든 과정에도 놀랍도록 잘 들어맞습니다. 효율적으로 일하는 사람들 이른바 '일잘러'들의 공통된 비결은 복잡한 업무를 명확하게 쪼개고(Structure), 전략적으로 운영하며(Optimize), 빠르게 실행하고(Action), 주기적으로 점검하는(Reviw) 능력 즉 일을 구조화하는 능력에 있습니다. 바로 '성과가 빠른 사람'과 '늘 바쁘기만 한 사람'을 가르는 결정적인 차이입니다.

  저 역시 10년 동안 직장생활을 하며 직접 배웠습니다. 보고 프로세스, 회의 방식, 목적에 따라 달라지는 업무 도구(ERP, 인사 시스템 등)와 자료 구조까지, 회사의 모든 움직임은 거대한 시스템 속에서 유기적으로 연결되어 있었습니다. 처음엔 이 시스템을 이해하고 따라가는 것도 버거웠습니다. 하지만 시간이 지나면서 깨달았습니다. 이런 시스템은 하루아침에 만들어진 것이 아니라 수많은 시행착오와 개선을 거쳐 지금의 효율을 갖추게 된 것이라는 사실을 말이죠.

  새로운 시스템을 도입할 때는 비용과 시간이 들지만, 조직에 맞게 꾸준히 다듬어 나가야 진짜 '작동하는 체계'가 됩니다. 그래서 1년 차에 경험한 회사의 시스템과 10년 차에 체감한 시스템은 완전히 다른 수준이었습니다.

  그 경험을 통해 저는 확신하게 되었습니다.

  '일에도 시스템이 필요하다. 그리고 개인의 업무에도 시스템은 충분히 도입될 수 있다.'

  시스템이 있는 조직은 일정 수준 이상의 업무 퀄리티를 안정적으로 유지할 수 있고, 시스템을 갖춘 개인은 더 적은 에너지로 더 빠르게 성과를 낼 수 있습니다. SOAR 시스템은 단순한 자기계발 도구가 아니라 삶을 설계하는 틀이자 일하는 방식을 바꾸는 전략이며, 지속 가능한 성과를 가능하게 만드는 가장 강력한 시스템입니다.

S : 구조화(Structure)
일을 쪼개는 해부의 힘

일의 시작은 명확한 구조화에서 출발합니다. 애매한 목표, 역할이 불분명한 프로젝트, 우선순위 없는 업무는 결국 질질 끌기만 하고 책임도 사라집니다. 소어 시스템의 첫 단계인 해부하기, 나열하기, 분류하기, 조정하기를 통해 업무 역시 체계화할 수 있습니다.

예를 들어 마케팅 캠페인을 시작한다고 해 봅시다. 무턱대고 자료를 찾고 기획안을 만들기보다는 소어 시스템에 따라 단계별로 진행하는 거죠.

- **해부하기** : '신제품 출시 캠페인'이라는 큰 목표를 세부 목표로 나눈다(시장 조사, 콘텐츠 제작, 광고 집행 등).
- **나열하기** : 관련된 모든 아이디어, 필요한 자료, 인력 등을 자유롭게 펼쳐 본다.
- **분류하기** : 업무 성격에 따라 구분하고 카테고리별로 재정리한다.
- **조정하기** : 우선순위와 기한을 설정하고 누구와 어떤 방식으로 협업할지 정한다.

이러한 과정으로 막연했던 프로젝트는 뚜렷한 실행 계획으로 전환됩니다. 많은 기업의 PM(Project Manager)들이 유사한 구조화 기법을 쓰고 있습니다.

O : 최적화하기(Optimize)
시스템을 돌리는 도구

구조화 이후에는 만들어 둔 시스템이 굴러가도록 적절한 도구와 루틴화된 운영 방식이 필요합니다. 디지털 도구를 적극적으로 활용하면 반복되는 작업을 자동화하거나 간소화할 수 있습니다.

예를 들어 노션에 업무 보드나 템플릿을 만들고, 구글 캘린더로 타임블로킹을 설정하고, 슬랙(Slack)이나 이메일 자동화로 낭비적인 커뮤니케이션을 줄일 수 있습니다. 시스템은 잘 설계된 도구와 만나야 진짜 힘을 발휘할 수 있습니다.

여기서 중요한 건 도구가 시스템을 대체하는 것이 아니라 시스템을 구동시키는 '엔진 역할'을 한다는 것입니다. 아무리 좋은 도구라도 목적이 없으면 금방 사용을 중단하게 됩니다. 수많은 생산성 앱을 다운로드 받고 지우기를 반복하는 이유죠. 목적이 명확한 시스템에 도구를 올려 두는 것, '최적화' 단계의 핵심입니다.

A : 실행하기(Action)
작지만 확실한 실행 설계

기획이 아무리 잘 되어 있어도 실행이 되지 않으면 아무 소용이 없습니다. 이 단계에서 필요한 것은 일정한 리듬과 실행 설계입니다. 예를 들어 업무 시작 전 5분은 '오늘의 업무 목록'을 체크하고, 오전 9~11시는 집중 업무 시간, 점심 이후 30분은 메일 회신 시간 등으로 '일의 루틴'을 만들 수 있습니다.

팀장들이 가장 중요하게 생각하는 역량 중 하나는 '스스로 일정을 관리하며 일을 진행시키는 능력'입니다. 소어 시스템에서 실행 단계는 강제라도 움직이게 만드는 작동 장치입니다.

R: 리뷰하기(Review)
데이터와 감정, 둘 다 본다

마지막 단계는 리뷰입니다. 내가 잘하고 있는지, 무엇이 반복되고 무엇이 빠지는지 보는 단계입니다. 업무에서도 루틴처럼 리뷰는 정기적으로 필요합니다.

- **정량적 리뷰** : 업무 마감률, 회신 처리 속도, 프로젝트 일정 준수율 등 수치로 확인하기
- **정성적 리뷰** : 회의 피드백, 팀워크 문제, 감정 피로도, 만족도 등 개인의 느낌 점검하기

이 두 가지를 합쳐야 진짜 리뷰입니다. 루틴처럼 업무도 '체크하고 고치고 다시 실행하는 과정'이 반복될 때 발전합니다. 직장인뿐만 아니라 프리랜서, 자영업자, 크리에이터도 스스로

리뷰할 수 있는 시스템이 필요합니다.

사람들은 루틴을 말할 때 주로 아침 루틴이나 운동 습관을 떠올립니다. 하지만 루틴은 '매일 반복되는 중요한 활동을 자동화하고 강화하는 방식'입니다. 일도 결국 루틴의 집합체이며, 루틴은 구조화된 시스템 위에 세워져야 지속될 수 있습니다.

소어 시스템은 일과 루틴을 나누지 않고, 삶 전체를 하나의 체계로 관리할 수 있는 프레임워크입니다. 일잘러가 되는 비결은 특별한 무언가가 아니라 루틴과 업무 모두를 구조화해서 일상과 일을 연결하는 기술입니다.

일잘러의 실제 사례, 일잘러 도구 활용법, 시스템으로 수익화까지 확장하는 실전 전략까지 알아보기 전에 지금은 일에 시스템을 입히는 '눈'을 갖추는 것이 출발점입니다.

❷ 일잘러는 어떻게 일할까

'일을 잘한다'는 건 무엇일까요? 빠르게 처리하는 사람 아니면 꼼꼼하게 실수 없이 해내는 사람 혹은 단순히 상사의 말을 잘 듣고 착착 따르는 사람을 의미할까요?

저는 10년의 회사생활을 하고 동시에 개인적인 사이드 프로젝트를 통해서 수많은 사람과 함께 일했습니다. 그중 '일을 정말 잘하는 사람'을 몇 명 만날 수 있었습니다. 그리고 그들에게는 공통으로 '성과를 내는 구조적 사고'가 있다는 사실을 발견했습니다.

제가 생각하는 '일잘러'는 빠르게 처리하는 실행력, 꼼꼼하게 챙기는 디테일, 실수 없는 정확함, 이 모든 걸 일정 수준 이상으로 갖추면서 체계적이고 예측할 수 있는 방식으로 꾸준히 성과를 만들어 내는 사람입니다. 그런 사람들은 대부분 일할 때 '감'이 아니라 '시스템'으로 움직입니다. 일의 구조화→우선순위 조정→실행 설계→피드백 루프, 이 일련의 과정은 소어 시스템과 정확히 맞닿아 있습니다.

살다 보면 일뿐만 아니라 생활에서도 일머리가 있는 사람을 볼 수 있습니다. 집안일을 봐도 어떤 사람의 옷장은 365일 깔끔하게 정돈되어 있어서 보기만 해도 마음이 편안해지죠. 청소할 때도 자신만의 규칙에 따라 순서대로 정리해 나가고 가장 효율적인 방법을 고수합니다. 그런데 이런 사람들은 대체로 회사에서도 일을 깔끔하게 처리하는 일잘러이기도 합니다. 제가 회사에 다닐 때 같은 팀의 선배가 일을 정말 잘했습니다. 어떤 문제를 가지고 가도 매듭을 풀어 내듯이 간소화를 시켰고 일사천리로 일을 착착 진행하게 해서, 그 선배와 일해 본 사람들은 하나같이 선배를 일잘러로 인정했습니다. 선배와 가깝게 지내다 보니 어느 날은 집에 놀러 가게 되었는데, 선배의 자취방은 작은 공간임에도 불구하고 소파와 컴퓨터 책상 등 가구들이 가장 효율적으로 배치되어 있었습니다. 또한 작은 집기류는 라벨이 붙은 보관함에 분류되어 있었습니다. 생활에서도 그만의 시스템이 녹여 들어갔던 것이죠. 다시금 일잘러와 삶잘러(삶을 잘사는 사람)의 특징은 '시스템'이라는 생각이 들었습니다.

일잘러의 일 프로세스

실제로 제가 근무했던 회사에서는 '일을 잘한다'는 평가를 받는 사람들에게 몇 가지 두드러진 공통점이 있었습니다. 단순히 일을 '많이' 하거나 '오래' 하는 것이 아니라 일을 다루는 방식 자체가 다릅니다.

- **업무를 받자마자 바로 시작하지 않습니다**

  일을 쪼개고 나누며 필요한 경우 동료에게 적절히 배분합니다. '계획 없이 실행'하는 법이 없습니다.

- **업무량이 많아도 우선순위를 명확히 세웁니다**

  어떤 일이 가장 급한지 어떤 일은 나중에 해도 되는지 판단하고 마감 기한을 철저히 지켜 냅니다.

- **자신의 역할만 보는 게 아니라 전체 맥락을 파악합니다**

  일이 생긴 목적과 배경, 기대되는 결과를 이해하고 그에 맞는 결과물을 만들어 냅니다.

- **회의 시간도 효율적으로 씁니다**

  회의 도중 실시간으로 회의록을 작성하고 회의가 끝나면 바로 메일로 공유합니다. '일의 연결 고리'를 놓치지 않죠.

- **반복되는 일은 자동화합니다**

  템플릿, 매크로, 노션, 자피어(Zapier) 등 다양한 도구를 활용해 불필요한 반복을 줄이고 시스템으로 해결합니다.

- **정리는 곧 실행입니다**

  자료를 정리하면서 동시에 실행 계획까지 세워 두고 이후 바로 행동에 옮길 수 있게 만들어 둡니다.

- **진행 중인 업무는 항상 중간 점검을 설정해 둡니다**

  체크리스트, 협업 타이밍, 검토 일정 등을 사전에 계획하고 리더에게 중간 보고로 흐름을 공유합니다.

- **성과만이 아니라 과정을 리뷰합니다**

  일이 끝난 뒤에는 반드시 결과와 진행 과정을 되돌아보며 개선 포인트를 따로 메모해 다음 프로젝트에 반영합니다.

일잘러는 단순히 성실하거나 똑똑한 게 아니고 일을 잘하는 '방식'이 내면화되어 있는 사람들이었습니다. 누구와 일하든, 어떤 업무를 맡든 일정한 프로세스를 적용하기 때문에 같이 일하는 동료들도 편안함과 신뢰를 느낄 수 있습니다. 일 잘하는 사람들의 내부 시스템은 소어 시스템으로 다시 들여다볼 수 있습니다.

Strucure :
업무 구조화하기

업무 요청받았을 때 먼저 무엇을 해야 하는지를 분석합니다. 예를 들어 마케팅팀에서 '신제품 SNS 캠페인을 기획해 달라'는 요청을 받았다면, 일잘러는 다음처럼 구조화합니다.

[해부하기] 업무의 목적과 세부 목표를 명확히 합니다.

- 최종 목표 : 브랜드 노출 증가
- 세부 KPI로 쪼개기
    - ▶ SNS 도달 수 : 캠페인 게시물 총 노출 수 30만 이상
    - ▶ 참여율 : 좋아요, 댓글, 공유 등 참여율 5% 이상
    - ▶ 팔로워 증가율 : 캠페인 기간 내 계정 팔로워 2천 명 증가

[나열하기] 필요한 자원, 아이디어, 변수를 전부 열거합니다.

- 콘텐츠 아이디어
    - ▶ 신제품 사용 후기 릴스
    - ▶ 직원 인터뷰 형 콘텐츠
    - ▶ 해시태그 챌린지 운영
- 협업 채널
    - ▶ 인스타그램 메인 계정
    - ▶ 틱톡 브랜드 계정
    - ▶ 사내 인플루언서 협업 가능 여부
- 예산 요소
    - ▶ 외부 크리에이터 3인 섭외비
    - ▶ 콘텐츠 촬영 및 편집비
    - ▶ 광고 집행 예산

- 일정 요소
    - ▶ 내부 검토 일정
    - ▶ 디자인팀 요청 마감일
    - ▶ 광고 집행 시작일
    - ▶ 성과 측정 기간 설정

[분류하기] 역할 단위 및 진행 흐름에 따라 정리합니다.
- **콘텐츠 기획 파트**
    - ▶ 캠페인 전체 주제 선정
    - ▶ 게시물 유형(릴스, 이미지, 인터뷰) 기획
    - ▶ 카피라이팅 초안 작성
- **디자이너 요청 파트**
    - ▶ 브랜드 이미지와 맞는 디자인 브리핑
    - ▶ 섬네일 및 콘텐츠 포맷 제작 요청
- **외부 인플루언서 섭외 파트**
    - ▶ 섭외 대상 리스트업 및 연락
    - ▶ 계약 및 일정 조율
    - ▶ 협업 콘텐츠 제출 마감 안내
- **광고 운영 파트**
    - ▶ 광고 문구 및 타깃 설정
    - ▶ 광고 예산 배분
- **성과 측정 방식 및 리포트 구조 설계**

[조정하기] 시간과 인력을 조율하고 우선순위를 세웁니다.

- 마감 기한 역산 스케줄링
    - ▶ 캠페인 런칭일 : 6월 3일→디자이너 전달 마감 : 5월 20일→최종 검토 및 승인 : 5월 27일→인플루언서 콘텐츠 수령 마감 : 5월 24일→광고 세팅 완료 : 5월 31일
- 우선순위 설정
    - ▶ 캠페인 아이디어 확정(5월 8일까지)
    - ▶ 인플루언서 섭외 및 계약(5월 10일까지)
    - ▶ 디자이너 요청서 정리(5월 13일까지)
    - ▶ 광고 타깃 및 문구 설계(5월 17일까지)
- 담당자 배정
    - ▶ 콘텐츠 기획 : 마케팅팀 A님
    - ▶ 디자인 요청 및 검토 : 디자인팀 B님
    - ▶ 인플루언서 섭외 및 조율 : 마케팅팀 C님
    - ▶ 광고 운영 및 성과 분석 : 퍼포먼스팀 D님
- 회의 일정 조율
    - ▶ 킥오프 미팅 : 5월 7일
    - ▶ 중간 점검 회의 : 5월 21일
    - ▶ 최종 점검 회의 : 5월 30일

Optimize :
최적의 상태로 만들기

이제 시스템을 굴리는 단계입니다. 여기서 중요한 건 도구와 운영 방식입니다. 일잘러는 노션, 엑셀, 파워포인트, 피그마(Figma), 구글 캘린더, 팀즈(Teams) 등 상황에 맞는 도구를 선택해 사용합니다.

예를 들어서 업무 관리를 위해 노션 템플릿을 사용하고, 팀원들과 구글 캘린더를 활용해 일정 공유를 하며, 화상 회의를 위해 팀즈를 사용합니다. 또 반복되는 업무는 자동화하거나 매뉴얼화 해 매번 새로 할 필요가 없도록 만듭니다.

실제 회사에서는 회의체나 보고서 양식이 있어서 매번 새로 만들지 않았습니다. 구조가 정해져 있어서 내용만 바꿔 끼우면 되었죠. 그래서 속도도 빠르고 직원들의 속도도 줄었습니다.

Action :
빠르게 실행하기

실행 단계에서는 '할 일'보다는 '언제, 어떻게'를 더 고민합니다. 회사에서는 매주 직원이 주간업무일지를 쓰도록 해서 리더가 주요 업무 현황을 확인하게 했고, 또 상위로 보고할 수 있도록 체계를 만들었습니다. 또 개인으로 봤을 때, 일잘러는 주간 단위로 일정을 나눈 뒤 타임블로킹이나 일정 루틴을 만들어 반복합니다.

> - 매주 월요일 오전은 한 주 업무 계획 세우기
> - 화요일은 외부 커뮤니케이션 및 협업 회의
> - 수요일은 콘텐츠 제작하기
> - 목요일은 검토 및 팀 공유하기
> - 금요일은 한 주간업무 리뷰와 회고하기

업무에도 루틴이 있습니다. 일을 몰아서 하지 않고 리듬 있게 반복하기 때문에 집중력과 완성도가 올라갑니다.

Review :
리뷰하기

일잘러는 일을 마친 뒤 '잘했는지'를 돌아봅니다. 결과만 보는 게 아니라 과정과 감정까지 점검합니다. 리뷰는 곧 다음 일의 시작입니다. 그래서 일잘러는 노션, 다이어리, 메모 앱 등을 통해 리뷰 기록을 남깁니다.

> - 이번 협업에서 커뮤니케이션에 시간 지연이 있었는가?
> - 일정이 밀렸다면 원인은 무엇이었는가?
> - 같은 프로젝트를 맡게 된다면 무엇을 바꿔야 하는가?

일잘러는 특별한 능력을 갖춘 사람이 아닙니다. 일을 구조화하고, 루틴화하고, 도구로 자동화하고, 점검하는 사람일 뿐이죠. 꼭 기업뿐만 아니라 스타트업, 프리랜서, 자영업자 모두 이 구조를 통해 효율을 높일 수 있습니다.

만약 '일할 때 늘 뒤죽박죽이고, 마감 직전이 되어야 손에 잡히는 타입'이라면, 이 구조를 그대로 가져와 보세요. 당신의 루틴처럼 일의 구조가 생기면서 놀랍게도 예측 가능해지고 실행력이 붙습니다.

3
일잘러의
도구 활용법

도구가 능력을 결정하지는 않지만, 능력 있는 사람은 반드시 도구를 씁니다. '일잘러'로 불리는 사람들은 단순히 열심히만 일하지 않습니다. 그들은 똑똑하게 일합니다. 시간, 정보, 에너지라는 한정된 자원을 어떻게 분배하고 최적화하느냐가 관건이고, 그 해답이 바로 '도구의 활용'에 있습니다. 과거엔 엑셀과 이메일만 잘 다뤄도 업무 고수가 될 수 있었지만, 이제는 노션, 슬랙, 챗GPT, 자동화 도구, 일정 관리 앱 등 수십 가지의 디지털 도구들이 실무의 기본이 되어가고 있습니다. 도구는 더 이상 '있으면 좋은' 옵션이 아니라 생산성과 효율성을 높이기 위한 필수 역량이 되었습니다.

저도 '일을 빨리 끝내고 칼퇴하고 싶다'는 단순한 이유에서 시작했습니다. 정해진 시간 안에 높은 성과를 내려면 반드시 도구의 도움을 받아야 한다는 걸 실무에서 뼈저리게 느꼈습니다. 그래서 하나하나 시도했습니다.

- 단순 반복 업무를 줄이기 위한 자동화 도구
- 정보를 체계적으로 정리하기 위한 메모 앱
- 협업을 더 부드럽게 해 주는 커뮤니케이션 도구
- 일정과 작업을 한눈에 볼 수 있는 프로젝트 관리 도구

그 과정에서 깨달은 것은 모든 도구가 나에게 맞는 것이 아니고, 도구도 목적에 따라 달라져야 한다는 사실이었습니다. 회사에서 정해진 도구가 있었고, 그 안에서 최적의 워크 플로우를 만드는 것이 중요했다면 개인 프로젝트에서는 더 자유롭게, 나만의 리듬에 맞는 도구 조합을 찾는 게 핵심이었습니다. 단순히 어떤 앱이 좋은지 나열하는 데 그치지 않고, 업무 영역별로 어떤 조합이 효과적인지, 어떤 방식으로 워크 플로우를 만들 수 있는지가 중요합니다.

일잘러가 자주 쓰는 대표 도구

1. 노션(Notion) : 업무 통합 관리의 허브

- 업무, 일상 가릴 것 없이 잘 쓸 수 있는 도구
- 프로젝트 관리, 회의록, 할 일 목록, 문서 관리까지 통합 업무 도구
- 사용 예시 : 할 일 목록, 회의록, 프로젝트 관리 등
- 핵심 기능 : 데이터베이스, 태그 분류, 데이터 간 관계형으로 연결, 협업 공유

2. 구글 캘린더(Google Calendar) / 노션 캘린더(Notion Calendar) : 일정과 시간 블로킹의 기본

- 하루를 구조화하고, 타임 블로킹(Time Blocking)으로 몰입 시간을 확보
- 반복 업무 예약 기능, 타인과 일정 공유 기능으로 회사 사람들과 사용하기 좋음, 회의 링크 자동 연결
- 구글 계정으로 범사용적, 노션 캘린더도 노션과 연계
- 사용 예시 : 정기적인 회의체는 반복 일정으로 등록하고 참가 인원에게 구글 미트(Meet, 화상 회의 프로그램) 보내기

3. 슬랙(Slack) : 빠르고 유연한 팀 커뮤니케이션 도구

- 이메일보다 빠르고 깔끔한 협업 도구
- 채널별 주제 관리, 메시지 스레드, 이모지로 피드백 가능

- 노션, 구글 드라이브(Google Drive), 줌(Zoom) 등 다양한 도구와 연동 가능

4. 트렐로(Trello) / 아사나(Asana) : 업무 흐름 관리
- 칸반 보드 형태로 업무 흐름 가시화 가능
- 작업자 지정, 마감일, 체크리스트로 협업 프로세스 최적화
- 사용 예시 : 디자인 작업 요청 흐름 관리, 콘텐츠 제작 진척도 확인

5. 챗GPT / AI 도구 : 빠른 아이디어 생성과 문서 작성 도우미
- 브레인스토밍, 이메일 초안, 보고서 요약, 발표 스크립트 자동 생성 등 사용 범위가 무한
- AI 도구를 만나기 전과 후로 나뉠 정도로 엄청난 생산성 향상을 겪었고, 똑똑하게 잘 사용해 보길 추천

6. 구글 시트(Google Sheets) : 데이터 분석과 간단한 자동화 도구
- 실시간 공유 및 수식, 조건부 서식 등으로 다양한 양식 관리 가능
- 공동 작업, 진행률 추적, 성과 정리 등 다양한 용도로 사용

7. 굿노트(Goodnotes) : 손필기가 필요한 상황에 최적의 도구
- 손필기 노트 앱에서 강력한 기능을 가진 도구
- 텍스트로 변환, 양식 불러오기, AI 기능 활용, 녹음 기능 사용 가능
- 사용 예시 : 손글씨로 작성한 회의록을 텍스트 변환하여 정리

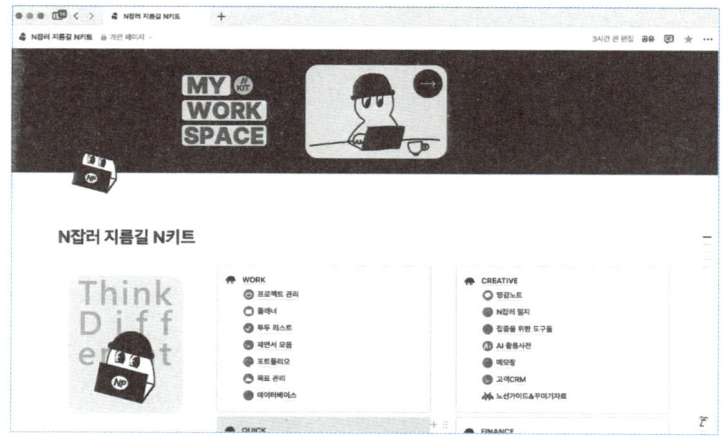

→ 저의 노션 업무 관리 시스템

→ 노션으로 할 일 목록과 프로젝트 관리

일잘러는
'도구를 조합'해서 쓴다

도구는 단독으로 쓸 때보다 서로 연결되어 작동할 때 더 큰 위력을 발휘합니다. 단순 반복 업무는 매번 하지 않고 자동으로 돌릴 수 있게끔 자피어, 메이크 같은 자동화 플랫폼을 통해 구현할 수 있습니다. 예를 들어 설문 응답이 구글 폼(Google Forms)에 제출되면, 자동으로 노션에 옮겨 기록되고 슬랙 알림이 가는 구조를 만드는 거죠.

- **굿노트 + 노션**
회의 시간에 굿노트를 사용해 손글씨로 빠르게 핵심 내용을 필기하고, 텍스트로 변환하여 노션 회의록 양식에 붙여 넣고 참석자에게 공유하기
- **구글 폼 + 구글 시트**
사내 설문 조사를 구글 폼즈로 데이터 수집하고, 응답 결과를 일괄 다운로드 받아서 구글 시트에서 데이터 가공을 통해 시각화

콘텐츠 마케팅 담당자의 도구 활용 플로우
목표 : 신제품 콘텐츠 홍보 캠페인 운영
- 1단계 : 기획(노션)
  → 콘텐츠 아이디어, 경쟁사 분석, KPI 정의
- 2단계: 일정 관리(구글 캘린더)
  → 콘텐츠 업로드 일정 및 마감 일정 설정

- 3단계: 진행 관리(트렐로)
  → 콘텐츠 기획, 디자인 요청, 검토, 업로드 프로세스 시각화
- 4단계: 커뮤니케이션(슬랙)
  → 디자이너와 실시간 피드백
- 5단계: 리포트 작성(구글 시트, 파워포인트)
  → 콘텐츠별 조회수, 클릭률 정리 및 요약

모든 사람에게 완벽한 도구 조합은 존재하지 않습니다. 어떤 사람은 '일정이 핵심'이라 캘린더를 중심으로 구성하고, 어떤 사람은 '정보 구조화'가 중요해 노션을 메인으로 씁니다.

- **1인 콘텐츠 크리에이터** : 노션 + 구글 캘린더 + 챗GPT
- **PM, 마케터** : 노션 + 트렐로 + 슬랙 + 구글 시트
- **디자이너, 크리에이터** : 피그마 + 노션 + 구글 드라이브

처음 새로운 도구를 접할 때는 누구나 어렵고 낯설게 느낍니다. 인터페이스는 복잡하고, 기능은 너무 많아서 어디서부터 손을 대야 할지 막막하죠. 하지만 한 달만 꾸준히 사용해 보면, 도구는 당신의 두 번째 두뇌처럼 작동하기 시작합니다. 처음에는 클릭 하나도 버겁게 느껴졌던 기능이 어느 순간 자연스럽게 손에 익고, 머릿속에 흩어져 있던 정보와 계획이 하나의 흐름으로 연결되기 시작합니다.

도구를 100% 활용해야 한다는 강박을 갖지 마세요. 도구는 수단일 뿐이고 그 자체가 목적이 되어 버리면 오히려 효율을 해치기 때문입니다. 절대 전부 알 필요는 없고 나에게 필요한 기능만 쏙쏙 골라서 써도 충분합니다. 몇 가지 기능만으로도 일의 속도는 빨라지고 생각은 정돈되어 결과물의 품질은 올라갑니다. 모든 사람에게 딱 맞는 도구는 없습니다. 이 책에 소개된 도구를 전부 사용할 필요는 없습니다. 중요한 건 나에게 맞는 조합을 스스로 찾아내는 것입니다.

- 정보를 많이 다루는가?
- 협업이 잦은가 아니면 혼자 일하는 시간이 긴가?
- 반복되는 일이 많은가 아니면 매번 다른 일을 하는가?
- 문서 중심인가, 비주얼 중심인가?

이런 질문을 던지며 당신의 워크 스타일과 리듬에 맞는 도구 조합을 만들어 보세요. 단 하나의 도구가 아니라 서로 연결되고 보완해 주는 도구의 '시스템'이 일잘러의 진짜 무기입니다. 결국 일잘러의 비밀은 '보이는 실력'이 아니라 그 아래 깔린 보이지 않는 체계입니다. 그 체계를 만드는 가장 확실한 방법이 바로 나에게 맞는 도구를 익히고, 익숙하게 만드는 것입니다. 시작은 낯설 수 있지만 익숙해진 그 도구가 새로운 가능성이 되어 줄 것입니다.

> **참고**
> # 회사에서 사용하는 협업 도구

회사에서는 여러 부서 간 원활한 협업을 위해 협업 도구를 많이 씁니다. 한 회사에 다니면서도 회사 내부적으로 이용하는 도구를 여러 번 바꿔가면서 조직에 가장 맞는 도구를 찾아가는 과정을 거쳤습니다. 어떤 회사라도 하나의 도구에 안착하는 것이 아니라 몇 번의 시행착오를 거쳤던 거죠. 사람들이 도구 사용에 적응하고 조직의 성격에 맞게 커스텀을 하여 데이터가 쌓여가는 시간을 거쳐야, 진정으로 한 조직이 하나의 도구에 정착할 수 있게 됩니다.

회사에서 자주 쓰는 협업 도구를 비교해 보겠습니다. 만약 회사에 협업 도구 도입이 필요한 상태라면 충분히 고민해 보고 직접 써 보세요. 생각보다 도구를 익히는데 시간이 오래 걸립니다.

항목	컨플루언스 (Confluence)	지라(Jira)	아사나(Asana)
주요 목적	문서 협업, 지식 관리, 위키 시스템	개발 프로젝트 관리, 이슈 트래킹, 스프린트 관리	업무 관리, 프로젝트 협업, 일정 관리
주 사용자	기획자, 디자이너, 마케터, 모든 부서	개발자, QA, PO, PM	PM, 마케터, 기획자, 일반 사무직
시각화 도구	표/다이어그램 등 문서 기반 시각화	칸반 보드, 버그 추적, 백로그 관리	칸반 보드, 타임라인, 캘린더 뷰
특징	사내 위키처럼 지식 자산을 구조화하는 데 적합	스프린트 관리에 특화된 애자일 개발용 도구	직관적 UI, 업무 흐름 설정이 쉬움
사용 난이도	보통 : 템플릿 활용 시 진입장벽 낮음	다소 어려움 : 설정 항목 많고 개발 지식 필요	쉬움 : 누구나 바로 시작 가능

④ 시스템으로 수익을 만드는 법

"회사 다니면서 어떻게 유튜브도 하고, 사이드 프로젝트도 하세요?"

"직장생활 10년 동안 어떻게 자산 7억을 모을 수 있었나요?"

이런 질문을 자주 받습니다. 하지만 저는 특별한 재능이 있는 사람도, 대단한 배경이 있는 사람도 아닙니다. 매일 아침 8시 30분까지 출근하고, 저녁 6시에 퇴근하면 체력도, 의지도 모두 바닥나는 평범한 직장인이었습니다. 그런데도 틈틈이 유튜브 콘텐츠를 기획하고, 사이드 프로젝트를 진행하며 개인적인 삶과 취미, 소소한 낭만까지 챙기려고 애썼습니다. 그렇게 하루하루를 보낸 지 10년, 어느새 저는 7억이 넘는 자산을 만들었고, 마침내 회사를 그만둘 수 있었습니다. 그리고 퇴사 이후에는 꾸준히 매출을 올리는 사업자로 살아가고 있습니다.

이 모든 것을 가능하게 만든 비결은 사실 아주 단순합니다. 하루는 모두에게 공평하게 주어집니다. 저는 그 시간 안에서 정해진 일만, 정해진 시간에 꾸준히 해냈을 뿐입니다. 시간이 누적된 결과만 보면 엄청난 일들을 한 것처럼 보이지만, 하루하루를 들여다보면 조그맣고 사소한 일들입니다. 거창한 목표나 극단적인 열정보다는 시스템과 루틴이 저를 여기까지 이끌었습니다.

누군가는 말합니다.

"성공한 사람은 운이 좋거나 타고난 능력이 있어서 가능했을 거야."

하지만 제가 가까이에서 본 진짜 '일잘러' 그리고 수많은 책에서 만난 위대한 인물은 매일 조금씩 반복한 사람이었습니다. 그들은 지치지 않기 위해 열정에만 의존하지 않았습니다. 자신만의 시스템을 만들었고, '시간이 생기면 하겠다'가 아니라 시간을 만들었습니다. 그리고 그 안에 자신을 '넣을 구조'를 짜는 데 능숙했습니다.

이제 직장 외 부수입 만들기, N잡 도전, 좋아하는 일을 찾는 법 등 회사 밖에서도 자신을 확장하는 방법과 삶의 중심을 일과 월급에만 두지 않고, 스스로 기회를 만들고 키워가는 루틴을 설계해 볼까요?

하루가 다르게 흔들리는
세상 속에서

사람들은 '언젠가는 내가 하고 싶은 일로 돈을 벌고 싶어요', '경제적 자유를 이루고 퇴사하고 싶어요'라고 말합니다. 하지만 현실은 퇴근 후 넷플릭스나 유튜브 앞에서 흘러가는 시간을 바라보며 '언젠가'로 할 일을 미룹니다. 우리가 원하면서도 실행하지 못하는 이유는 계획은 있지만, 시스템이 없기 때문입니다.

한두 번 의욕적으로 시작해 보지만, 작심삼일로 끝나고 열심히 해도 결과가 바로 눈에 보이지 않으면 '나는 안 되는구나' 하고 쉽게 포기해 버립니다. 계획을 세우고 목표를 세우는 것만으로도 마치 무언가를 이룬 듯한 착각에 빠지지만, 행동하지 않으면 모든 건 제자리일 뿐입니다.

저도 처음부터 잘하지 않았습니다. 조회수도 안 나오는 유튜브, 수익화가 되기까지 무료로 서비스를 제공하던 날들, 예상하지 못했던 곳에서 뻥뻥 터지는 문제들 때문에 정말 많은 시간을 의심하면서 보내야 했습니다. 그럼에도 꾸준히 이어가고 나름의 성과를 낼 수 있었던 건 작은 성과에 일희일비하지 않고 조금씩이라도 쌓아갈 수 있는 구조, 실행할 수밖에 없는 루틴 그리고 주기적으로 돌아보며 고치는 시스템이 있었기에 남들보다 조금 더 오래, 조금 더 끈질기게 이어갈 수 있었을 뿐입니다. 바쁘게 돌아가는 세상 속에서 자신을 지키며 안정적으로 성장하려면 루틴이 있어야 한다는 것을 경험에서도 확신할 수 있었습니다.

당장 수익이 나지 않아도
루틴화 했기에 가능했다

저는 유튜브를 시작하고도 몇 년 동안 구독자 1,000명을 넘기지 못했습니다. 주말 종일 편집을 해도 영상은 어설펐고 결과는 미미했습니다. 하지만 저는 포기하지 않았는데, 그 이유는 '지속 가능한 루틴'을 만들었기 때문입니다. 직장생활과 병행하면서 제가 만든 루틴은 이랬습니다.

- **월~목요일 밤 :** 영상 아이디어 정리 및 기획
- **금요일 밤~토요일 오전 :** 영상 스크립트 작성
- **토요일 오후 :** 촬영, 편집, 섬네일 작업
- **일요일 오전 :** 영상 업로드

이 루틴은 제가 지치지 않고 반복할 수 있는 구조였고, 회사에 다니면서도 무리 없이 유지할 수 있는 시스템이었습니다. 수익은 없었지만 루틴이 있었기에 멈추지 않았습니다. 시간이 흐르자 유튜브 수익화 조건을 달성했고, 다양한 콘텐츠 협업 제안이 들어오기 시작했습니다. 이제는 내 브랜드로 상품을 제작하고 판매까지 할 수 있게 되었습니다.

"지금 당장 수익이 나지 않더라도, 시스템이 있다면 멈추지 않는다."

명심하세요. 초반에 시간을 얼마 들이지 않고서도 엄청난 수익을 원한다면, 기대한 만큼 성과가 나오지 않았을 때 실망감만 커지고 금방 포기하게 만드는 길입니다.

수익화가 가능한 루틴 어떤 것이 있을까

루틴으로 어떻게 수익까지 이어질 수 있는지 알아보겠습니다. 간단해 보이고 뻔해 보이는 루틴이더라도 지속되어야만 성과와 수익이 만들어진다는 것을 잊으면 안 됩니다. 물론 수익화까지 시간이 오래 걸릴 수는 있으나 과정을 쌓아가면서 생각지도 못한 기회(정말로 어떤 모습으로 올지 모릅니다!)들도 찾아오기 때문에 수익화 시간이 단축될 수 있습니다.

1. 기록 루틴 → 콘텐츠 수익화

짧은 글 한 줄도 쓰다 보면 기록 루틴이 만들어지고 글이 쌓이면 가치 있는 콘텐츠가 됩니다. 그리고 콘텐츠는 곧 수익으로 연결됩니다.

> - 매일 아침 10분 일기 → 브런치에 칼럼 업로드 → 조회수 증가 → 전자책 제작
> - 독서 노트 정리 → 인스타 콘텐츠 업로드 → 팔로워 증가 → 강의 요청

2. 학습 루틴 → 코칭 수익화

배운 것을 그냥 두지 않고 체계적으로 정리하고 나누는 습관이 코칭 수익으로 연결됩니다.

> - 매일 30분 투자 공부 → 포트폴리오 수익률 정리 → 투자 노하우 콘텐츠화
> - 자기계발 노트 → 피드백 제공 → PDF 템플릿 상품화

3. 정리 루틴 → 디지털 제품화

내가 나를 위해 만든 도구는 누군가에게 꼭 필요한 도구가 될 수 있습니다. 정리 습관이 디지털 자산이 되는 시대입니다.

> - 노션으로 루틴 정리 → 템플릿화 → 마켓 플레이스에서 판매
> - 업무 매뉴얼 정리 → 직장인용 업무 자동화 가이드로 전환

4. 관찰 루틴 → 창업 기회

창업 아이템은 멀리 있지 않습니다. 매일의 관찰이 곧 문제 해결의 시작

점입니다.

> - 내 불편함을 매일 메모 → 반복되는 문제 구조화 → 사이드 프로젝트 기획
> - 직장인의 시간 문제 해결 → 타깃 맞춤 루틴 키트 제작

5. 습관 루틴 → 챌린지 프로그램 운영

작은 실천을 공유하는 것에서 시작해 습관을 함께 만들어 주는 서비스로 발전시킬 수 있습니다.

> - 매일 아침 루틴 실천 기록 → SNS에 인증 포스팅 → 참여자 모집 → 습관 챌린지 프로그램 운영 및 유료화

6. 건강 루틴 → 피트니스/식단 콘텐츠 수익화

실천이 곧 몸으로 증명된 콘텐츠가 되고 그 경험은 신뢰가 있는 유료 서비스로 연결됩니다.

> - 매일 홈트레이닝 실천 + 식단 기록 → 변화 과정 브이로그 or 인스타그램 릴스 제작 → 팔로워 증가 → PT, 식단 코칭, 루틴 가이드북 판매

7. 취미 루틴 → 취미 기반 마켓/강의 수익화

내가 좋아서 한 일이 누군가에게 배움이 되고 더 나아가 제품이 되는 구

조로 발전할 수 있습니다.

> · 주말마다 캘리그라피/드로잉 실습 → 포트폴리오 정리 → SNS 홍보 → 클래스101 등 온라인 강의 개설 또는 굿즈 제작

8. 심리 관리 루틴 → 멘탈 케어 콘텐츠 수익화

감정 관리 루틴은 단순한 기록을 넘어 우울하고 스트레스를 많이 받는 현대인에게 꼭 필요한 도구입니다.

> · 일일 감정일기, 자존감 체크리스트 작성 → 감정 관리 루틴 정리 → 감정 노트, 저널북, PDF 상품 제작 → 멘탈 셀프 코칭 콘텐츠 제공

9. 영상 루틴 → 나만의 브랜드 출시

유튜브는 퍼스널 브랜딩을 하고, 나만의 브랜드를 출시해서 홍보하기에도 좋은 채널입니다. 영상을 꾸준히 업로드하고 자체적으로 피드백하는 루틴을 만들어 두면 나만의 강력한 무기가 되는 날이 옵니다.

> · 유튜브 영상 촬영 및 업로드 → 팔로워 및 팬 증가 → 콘텐츠와 관련된 브랜드 출시 → 상품 제작 및 판매

저는 지금도 여전히 루틴을 실행 중입니다. 처음과 달라진 점이 있다면, 더 빠르게 판단하고, 더 효율적으로 조정하는 힘

이 생겼다는 것뿐입니다. 지금 떠오르는 '하고 싶은 일'이 있다면, 이제는 그다음을 생각해 볼 차례입니다.

"그걸 어떻게 루틴으로 만들 수 있을까?"

"그 루틴이 어떻게 수익으로 이어질 수 있을까?"

내가 힘들이지 않고 계속 진행할 수 있는 루틴과 시스템을 만든다면 누구든 충분히 가능합니다. 지금 당신의 루틴을 수익으로 전환하는 첫걸음을 시작해 보세요.

Q&A
미루는 사람들이 자주 하는 질문

책을 다 읽고 나면 떠오르는 질문이 있을 것입니다. 루틴을 만들고 싶은데 과연 내가 해낼 수 있을지, 시스템을 유지하는 것이 정말 가능한 일인지 그리고 결국 이 모든 것이 내 인생을 바꿀 수 있을지. 여기에는 지금까지 가장 많이 받아 온 질문과 그에 대한 현실적인 답변입니다. 혹시 머릿속으로 떠올리고 있던 질문이 있다면, 그 답이 다음 단계로 이끄는 디딤돌이 되길 바랍니다.

Q1_ 루틴은 작심삼일로 끝날 때가 많은데, 정말 꾸준히 할 수 있을까요?

A. 루틴이 작심삼일로 끝나는 가장 큰 이유는 '의지'에만 의존해서 그렇습니다. 이 책에서 계속 강조한 것처럼, 루틴은 의지가 아니라 시스템으로 가야 합니다. 처음부터 완벽하게 하려고 하지 말고, 작게 나누고 반복 가능한 구조를 먼저 만들어 보세요. 예를 들어 '매일 아침 한 시간 책 읽기' 대신 '출근 전 5분 책 펼치기'로 시작하세요. 중요한

건 '양'이 아니라 '반복'입니다. 루틴은 반복이 되면 자연스럽게 난이도가 낮아지게 되어 있습니다.

Q2_ 루틴을 만들었는데, 어느 순간 흐지부지되고 있더라고요. 어떻게 유지하죠?

A. 루틴은 하나의 생명체와 같습니다. 식물을 생각해 보세요. 계속 점검하고 돌아봐야 살아남습니다. 그래서 소어 시스템의 마지막 단계인 리뷰가 중요한 이유 중 하나입니다. 한 달에 한 번, 달성률을 수치로 확인하고 내 마음 상태를 점검하며, 루틴을 나에게 꼭 맞는 방향으로 수정하는 작업이 필요합니다. 실패가 아니라 변화의 신호일 뿐이죠. 나에게 맞지 않게 된 루틴은 고쳐야 오래 갈 수 있습니다. 지속이 안 되는 루틴은 잘못된 루틴이 아니라 업데이트가 필요한 루틴일 가능성이 큽니다.

Q3_ 회사 일도 바쁜데, 사이드 프로젝트나 유튜브 운영은 정말 가능한가요?

A. 하루에 24시간, 누구에게나 똑같이 주어집니다. 그 시간을 흘려보내느냐, 구조화하느냐가 다를 뿐이죠. 소어 시스템은 바쁜 직장인에게 특히 유효한 구조입니다. 퇴근 후 한 시간, 주말의 두세 시간만 구조화해도 프로젝트는 충분히 진행할 수 있습니다. 사실 중요한 건 시간의 양이 아

니라 시간 안의 밀도와 반복입니다. 저도 처음엔 주말 하루만 유튜브에 썼는데 꾸준함이 쌓여 수익으로 이어졌죠.

Q4_ 아직 좋아하는 일이 뭔지도 모르겠는데, 루틴을 만들 수 있을까요?

A. 오히려 그런 사람일수록 루틴을 만들며 나를 알아가는 과정을 시작해야 합니다. 루틴은 '목표 지향'이기도 하지만 동시에 '자기 탐색 도구'입니다. 매일 아침 10분씩 글을 쓰거나, 퇴근 후 하루 한 개의 콘텐츠를 소비하고 메모하는 루틴만으로도 내가 어떤 일에 반응하는지를 알 수 있게 됩니다. 그렇게 패턴을 기록하다 보면, 결국 방향이 보이기 시작합니다. 루틴은 정답이 아니라 나를 찾아가는 지도입니다.

Q5_ 시스템을 만든다고 당장 수익이 생기지 않잖아요?

A. 맞습니다. 시스템은 즉시 수익을 보장하지 않지만, '지속 가능한 구조'를 제공합니다. 수익은 대부분 반복의 결과로 옵니다. 오늘 할 일이 다음 달에 연결되고 그다음에 고객이 생기고 결국 브랜드가 됩니다. 루틴화 되지 않은 시도는 대부분 1~2개월 안에 그치고 맙니다. 그러나 시스템은 시간을 '쌓이게' 만들고, 쌓임은 결국 수익이라는 결과를 만들어 냅니다. 그래서 시스템은 '장기 복리'와 같습니다.

Q6_ 루틴이 나에게 맞지 않는다는 느낌이 들 때 어떻게 해야 하나요?

A. 루틴이 나에게 맞지 않는다는 신호는 매우 중요한 루틴 점검 타이밍입니다. 그럴 땐 다음 세 가지를 점검해 보세요. 다음 질문을 통해 루틴을 고치고 다시 실행하면 됩니다. 루틴은 정적인 것이 아니라 유연하고 살아 있는 구조입니다. 변화를 감지하면 바꾸고, 다시 실행하세요. 그게 진짜 루틴입니다.

> 1. 시간대가 나에게 맞는가?
> 2. 단위가 너무 크거나 작지 않은가?
> 3. 이 루틴이 진짜 내 목표와 연결되어 있는가?

Q7_ 루틴을 만들고 시스템화까지 했는데, 여전히 결과가 미비합니다. 그럴 땐 어떻게 해야 하죠?

A. 당연합니다. 루틴은 단거리 경주가 아니라 마라톤입니다. 이 시스템은 '느리지만 확실한 결과'를 만드는 구조입니다. 특히 사이드 프로젝트나 콘텐츠 수익화는 대부분 3~6개월 이후에야 반응이 옵니다. 그 시간 동안 시스템은 당신의 동력이 꺼지지 않게 만드는 엔진입니다. 급한 마음이 들 때마다 이렇게 생각해 보세요.

"내가 하는 이 루틴은 한 달 뒤의 나를 위한 투자다."

포기할지 말지를 결정하는 기준은 속도가 아니라 방향입

니다.

Q8_ 루틴을 유지하려면 주변 사람들의 이해나 환경도 중요하지 않나요?

A. 맞습니다. 그래서 루틴을 '선언'하고 함께하는 것이 중요합니다. 혼자서만 루틴을 시도하면 유지 확률이 떨어지지만, 주변에 공유하거나 SNS에 기록하거나 함께하는 동료가 있으면 성공률이 두 배 이상 높아진다는 연구 결과도 있습니다. 나의 루틴을 공표하고, 가볍게라도 '감시자'가 있는 환경을 만들면 훨씬 오랫동안 지속할 수 있습니다.

루틴은 말 그대로 인생을 바꿀 수 있습니다. 그리고 그 루틴을 지켜 주는 건 시스템이고, 그 시스템을 계속 돌아가게 만드는 건 바로 나의 용기 있는 실행입니다. 내가 만드는 오늘의 작은 반복이 내일의 가능성을 바꾸니까, 실행해야 하는 그 일은 오늘 바로 시작하세요!

에필로그

쉽게 사세요,
이왕이면 아름답게

자기계발과 직장인을 위한 콘텐츠를 유튜브에 올리다 보면 자주 받는 질문이 있습니다.

"왜 이렇게 하루하루가 버거울까요?"

"열심히 살고 있다고 생각하는데, 하루를 마무리할 땐 이만큼 밖에 못했다는 사실에 좌절감이 들어요."

"왜 저 사람은 척척 해내는 것처럼 보이는데, 나는 늘 제자리걸음일까요?"

그럴 때 저는 이렇게 답하곤 합니다.

"당신은 이미 잘하고 있어요. 단지 아직, 당신만의 시스템을 찾지 못했을 뿐이에요."

살아간다는 건 끊임없는 선택의 연속입니다. 일은 쌓이고 해야 할 일은 넘치는데, 문득 "내가 왜 이걸 해야 하지?", "지금 내가 하는 게 맞는 걸까?" 같은 질문이 불쑥 마음을 건드립니다. 그럴 때마다 순간의 편안함을 찾고 싶고 미루고 자책합니다. 하지만 자신을 몰아세우는 방식은 오히려 우리의 에너지를 앗아갑니다. 무언가를 해내고 싶은 열망과 아무것도 하기 싫은 마음이 공존할 때 중심을 잡아 주는 도구가 필요합니다. 이 책에서 소개한 소어 시스템은 복잡한 세상 속에서 나만의 기준을 세우고, 내가 원하는 일을 꾸준히 실현하며 결국 '나답게' 살아가기 위한 방향을 설정해 주는 나침반이죠.

왜 어렵게 살고 있나요

늘 자신을 몰아세웁니다. 더 해야 한다고, 더 열심히 살아야 한다고, 더 성공해야 한다고. 맹목적으로 달려가기 전에 던져볼 질문은 '나는 왜 이걸 하고 있지?', '이게 나를 위한 루틴인가?'입니다. 많은 사람이 '자기관리'라고 하면 떠올리는 건 '억지로 하는 루틴', '완벽하게 지켜야만 하는 목표', '밀도 높은 시간 관리'입니다. 하지만 정말 중요한 건 그 루틴이 나에게 맞는가, 지속 가능한가입니다. 자기계발 인플루언서의 갓생 라이프나 꾸준히 할 수 없는 루틴은 아무리 멋져 보여도 결국 작심삼일로 끝나고 맙니다. 계획보다 중요한 건 '실행 가능성' 그리고 '지속 가능성'입니다.

'쉬움'은 게으름이 아니라 전략입니다

"그렇게 쉽게 해서 성공하겠어?"

"그렇게 나약해서 뭘 할 수 있겠어? 정신력부터 키워야지."

이런 말들, 익숙하지 않나요? 하지만 저는 오히려 그 말들이 지치게 만드는 독이라고 생각합니다. '쉽게 하는 것'은 결코 포기가 아니라 '지속하기 위한 전략'입니다. 아무리 거창하고 멋진 계획도 내가 지킬 수 없다면 아무 소용 없습니다. 반대로 아무리 작고 소소한 루틴이라도 매일 실천할 수 있다면, 결국 '완성'을 만듭니다. 그래서 저는 루틴을 설계할 때 항상 작고, 가볍고, 단순하게 시작합니다. 억지로 하는 것이 아니라 자연스럽게 하고 싶어지는 구조를 만드는 것이 지속 가능성의 핵심입니다.

아름답게 나답게 살아가는 법

이 책의 마지막 장까지 함께 해 주셔서 진심으로 감사합니다. 여기까지 읽었다는 건 변화를 향한 의지를 갖고 있다는 뜻이고, 이미 '나답게 살기 위한 여정'의 문 앞에 서 있다는 뜻이기도 합니다. 제가 말하는 '아름답게' 산다는 건 외적인 멋을 말하는 게 아닙니다. 내가 좋아하는 일에 몰입하고 내가 세운 루틴을 다듬어가며 하루하루를 내가 선택한 방향으로 살아가는 삶. 나의 일상에 기분 좋은 산뜻함과 자신감을 더해 주는 라이프스타일이 아름답게 사는 것이라고 생각합니다.

이 책에서 소개한 시스템과 도구를 당신의 삶에 맞게 적용해 보세요. 딱 맞게 다듬고 나만의 리듬으로 조율하고 더 쉬운 방식으로 반복해 보세요. 그렇게 쌓인 루틴은 삶을 바꾸는 시스템이 됩니다.

저도 그렇게 해 왔습니다. 매일 회사에 출근하면서도 퇴근 후에는 내가 하고 싶은 콘텐츠를 만들고, 주말에 유튜브 채널을 키우며 작은 성과를 하나씩 쌓아 왔습니다. 그 작은 루틴들이 지금의 커리어, 지금의 자산, 지금의 삶을 만들었습니다. 미래의 제 삶도 너무 기대됩니다.

이 책이 당신에게도 그런 시스템의 시작점이 되길 진심으로 바랍니다.

복잡하고 치열한 세상 속에서도, 조금 더 가볍게, 조금 더 나답게 살아가세요.

쉽게 사세요.

이왕이면, 아름답게요.

야망은 큰데
게으른 사람들을 위한 책

펴낸날	초판 1쇄 2025년 7월 30일
	2쇄 2025년 9월 30일
지은이	노아영
펴낸이	강진수
편 집	김은숙, 우정인
디자인	이재원
인 쇄	(주)사피엔스컬쳐
펴낸곳	(주)북스고 **출판등록** 제2024-000055호 2024년 7월 17일
주 소	서울시 서대문구 서소문로 27, 2층 214호
전 화	(02) 6403-0042 팩 스 (02) 6499-1053

ⓒ 노아영 2025

• 이 책은 저작권법에 따라 보호를 받는 저작물이므로 무단 전재와 무단 복제를 금지하며,
  이 책 내용의 전부 또는 일부를 이용하려면 반드시 저작권자와 (주)북스고의 서면 동의를 받아야 합니다.
• 책값은 뒤표지에 있습니다. 잘못된 책은 바꾸어 드립니다.

ISBN   979-11-6760-108-7 03190

책 출간을 원하시는 분은 이메일 booksgo@naver.com로 간단한 개요와 취지, 연락처 등을 보내주세요.
Booksgo는 건강하고 행복한 삶을 위한 가치 있는 콘텐츠를 만듭니다.